CÓMO HACER
UNA EMPRESA

ORLANDO
TALEVA SALVAT

CÓMO HACER
UNA EMPRESA

VE Valletta Ediciones
2009

Salvat, Taleva
Cómo hacer una empresa. - 1a ed.-Florida: Valletta Ediciones, 2009.
150 p.; 20x14 cm.
ISBN 978-950-743-321-4
1. Administración de Empresas. I. Título
CDD 658

Esta obra persigue como finalidad que le sea útil al lector. No responde exactamente a una determinada y exclusiva legislación, pero sí contiene normas, disposiciones y modelos que sirven de guía u orientación para su posterior aplicación.

El autor

1ª edición noviembre 2009

Armado y diagramación: *Sergio Garófalo*

Hecho el depósito que marca la ley 11.723
Impreso en la Argentina

© **VALLETTA EDICIONES S.R.L.**
ADHERIDA A LA CÁMARA ARGENTINA DEL LIBRO
Laprida 1780 - Florida (1602)
Buenos Aires - Rep. Argentina
Tel./Fax: 4796-5244 / 4718-1172
E-mail: info@vallettaediciones.com
www.vallettaediciones.com

ÍNDICE

EL ABC PARA CONSTITUIR UNA EMPRESA

Los pequeños emprendimientos, las pequeñas y medianas empresas, generalmente constituyen una etapa superior del cuentapropismo en los cuales, la organización, los métodos y los distintos caminos son casi siempre informales. A la intuición se le debe adicionar la información. Para alcanzar un peldaño más elevado, existen determinados aspectos que se constituyen en fundamentales para el desarrollo de una organización:

1. Tipo de empresa.

      1.1.   La empresa unipersonal. Sus ventajas y desventajas.

      1.2.   La sociedad. Su elección. Trámites y gastos, ventajas y desventajas.

2. Modelos de contratos sociales. Modelo aplicable a cada tipo societario.

3. Aspectos organizacional, administrativo y comercial.

4. Las finanzas básicas de una empresa.

5. Los impuestos y la empresa.

CAPÍTULO I

INTRODUCCIÓN

El desarrollo de la actividad laboral de una persona, básicamente, oscila desde una relación de dependencia hacia una de independencia o autonomía, en otros términos, por cuenta propia. No obstante, dentro de ese abanico exiten zonas intermedias. Las variantes externas presentan determinadas características que implican ventajas y desventajas. Si se prefiere un pasar generalmente más estable, con menos riesgos, con menores o acotadas responsabilidades, aspectos característicos de la relación de dependencia, o bien asumir riesgos e incertidumbres como comerciante o empresario. Esta elección depende de cada persona; de su edad, responsabilidades, sistema de valores, etcétera y, en muchos casos, por no existir la opción de elegir. Es decir, una persona desocupada, a la cual se le dificulta el ingreso a una actividad laboral en relación de dependencia carece de opción. Pero, en términos generales, la decisión de generar o iniciar una actividad autónoma no es buena ni mala, no es mejor ni peor; es una decisión muy personal. Las relaciones laborales son distintas no ya en cada actividad sino dentro de una misma organización e, incluso, no responden, a veces, a la retribución monetaria. En una relación laboral, existen también otros factores: reconocimiento, trato personal, valoración de la tarea que se realiza, facilidades personales, etcétera. Por otra parte, toda actividad nueva lleva al ser humano a una serie de preguntas que encierran una mezcla de temor, incertidumbre, angustia, deseos, desazón y hasta falta de confianza y convicción. Este cúmulo de caracterizaciones conforma una inseguridad manifiesta y real. ¿Quién, ante una nueva actividad no ha dudado? Es, generalmente, algo desconocido y porque es tal, causa desconfianza. La decisión y su correspondiente elección no es algo fácil ni sencillo. Trae aparejado una serie de avances y retrocesos, de dudas y de certezas, en general, porque todo lo desconocido genera inseguridad y, por otro lado, las facetas técnicas de las áreas contable, impositiva, jurídica y administrativa, resultan ajenas a los interesados. ¿Qué tipo de responsabilidad se asume? ¿Cuál es el costo de lanzamiento de una empresa? ¿Qué ventajas y desventajas presentan las distintas posibilidades? ¿Qué tipo de empresa resulta más interesante desde el punto de vista impositivo? ¿Los aspectos adminsitrativos y contables son complicados? En fin, todas estas inquietudes y otras similares se abordarán en esta obra; no obstante ello, es necesario destacar que no se trata de una guía específica y determinada. No. Es una aproximación para que el lector obtenga información de las características empresariales, de movimientos comerciales, administrativos, impositivos y contables, que le permitan tomar decisiones con una mayor certeza y un conocimiento más profundo de la actividad a desarrollar. Además, no resulta ajena la coyuntura que, evidentemente, influye en toda actividad económica que se emprenda. Pero, una vez que superemos esas barreras psicológicas y, a veces, hasta sociológicas, enfrentadas desde el raciocinio, desde la razón, entonces estaremos ubicados en un peldaño superior. Luego, se requiere el aporte de nuestra experiencia, el análisis de nuestro presente y nuestra visión de futuro.

Obviamente, el objetivo es dedicarnos a la actividad comercial o empresarial, en forma independiente, sea "cuentapropista", microemprendimiento, pequeña o mediana empresa; si bien su envergadura genera distinta infraestructura, los aspectos fundamentales, básicos, son comunes a todas. Por lo tanto, resulta de vital importancia antes de encarar un proyecto empresarial, fijar claramente los objetivos.

CAPÍTULO II

ELECCIÓN DEL TIPO EMPRESARIAL

Resulta común, pero no por ello deja de ser necesario, el análisis de qué forma empresarial se debe adoptar. Se puede elegir una:

1. Empresa individual o unipersonal.

2. Sociedades (en todos los casos, se requieren dos personas como mínimo):

2.1. Sociedad de hecho;

2.2. Sociedad accidental o en participación;

2.3. Sociedad de capital e industria;

2.4. Sociedad colectiva;

2.5. Sociedad en comandita simple;

2.6. Sociedad en comandita por acciones;

2.7. Sociedad anónima;

2.8. Sociedad de responsabilidad limitada.

1. Empresa individual o unipersonal

La empresa constituye una unidad económica y aquí se trata de una empresa de responsabilidad ilimitada. Una persona física como empresario individual no requiere autorización previa, excepto por aquellos trámites municipales, ante la AFIP (Administración Federal de Ingresos Públicos), o provinciales. Esta persona realiza en nombre propio y mediante una empresa una actividad comercial, industrial o profesional. Es decir, solamente se requiere ser mayor de edad, tener capacidad jurídica y libre disposición de bienes y ejercer por cuenta propia y de forma habitual la actividad empresaria. No se trata de algún tipo societario sino que la empresa es desarrollada por una sola persona. Generalmente, es un dueño único, con un gran despliegue a nivel personal y con un desempeño variado con respecto a las funciones que debe cumplir. Ello no implica la inexistencia de personal en relación de dependencia, por el contrario, es un concepto dinámico; la empresa significa movimiento, producción, actividad; es el desenvolvimiento profesional de una actividad económica organizada para un determinado fin, o sea, una forma particular de una actividad por parte de un sujeto; es una fuerza que opera (concepto dinámico) sirviéndose de determinado medios. El empresario elabora, planifica y ejecuta con independencia, obviamente, dentro del marco legal, fiscal y económico. En realidad, es un "especialista en generalidades", un emprendedor; tiene la motivación y la iniciativa necesarias para poner en marcha un negocio. En cuanto a la responsabilidad, ésta es ilimitada e involucra a la totalidad patrimonial del empresario o comerciante. Quedan exceptuados los inmuebles que figuran como "bien de familia". Generalmente, este tipo de empresa de responsabilidad ilimitada se da en los pequeños comercios, artesanos y, en general, en la actividad de los trabajadores autónomos.

El costo de su constitución, desde el punto de vista administrativo y fiscal, es reducido.

No se requiere la inscripción como comerciante en el Registro Público de Comercio.

En caso que desee inscribirse, debe cumplimentar los requisitos pertinentes exigidos por dicho Registro.

Su costo de constitución y de administración no es significativo.

En síntesis la empresa individual es ideada, pergeñada, iniciada y desarrollada por la decisión y la voluntad de su propietario. En cambio, en cualquier tipo societario, debe existir una conjunción y armonía de ideas, conceptos, objetivos, actitudes y hasta, a veces, necesidades comunes. Ello va más allá del aspecto jurídico, de un simple contrato o estatuto. Me refiero específicamente a la *affectio societatis*, un elemento específico que expresa la voluntad sincera de constituir una sociedad y cooperar en la medida de la capacidad y de las fuerzas propias con los asociados, actuando con lealtad y en el que priva un trato igualitario dentro de las condiciones económicas correspondientes. Éstos persiguen un objeto común y están dispuestos a compartir los beneficios y a repartir las pérdidas.

2. Sociedad comercial

Es un negocio en virtud del cual dos o más personas aportan bienes o servicios; estas aportaciones concurren a constituir el patrimonio de la sociedad (que es siempre autónomo y distinto de los patrimonios de los socios, si bien, a veces, también los patrimonios de los socios estén en causa por las obligaciones de la sociedad). Tienen como fin ejercitar en común (colaboración) una actividad económica (no necesariamente una actividad comercial); pero no es de carácter constante el que los socios participen directamente y en persona en la gestión social y con el fin de dividir las eventuales utilidades que deriven de aquella actividad.

A continuación, se analizan los aspectos esenciales de cada una de las posibilidades que permitirían el desarrollo empresarial de un ente.

2.1. Sociedad de hecho

Es difícil encontrar una definición legal; no obstante ello, diversos autores coinciden en señalarla como una simple situación de hecho no instrumentada, a la cual el Derecho reconoce virtualidad por imperio de la necesidad que se deriva de la realidad misma; no existe en ella ningún elemento de tipo formal. El acto constitutivo de la sociedad no tiene ningún tipo de instrumentación, no existe documentación. Es decir, se caracteriza por no estar instrumentada. El carácter comercial en la sociedad de hecho está dado por su objeto; éste está determinado principalmente por la actividad desarrollada por la sociedad. Para algunos autores, entre los que se encuentra Radesa, la sociedad de hecho es una persona jurídica de existencia ideal. Es, por ende, susceptible de tener derechos y contraer obligaciones. Su carácter de sociedad de hecho la priva de ciertos beneficios que tienen las sociedades regulares, como por ejemplo, la presentación en concurso preventivo, pero nada más. Las sociedades de hecho y las sociedades irregulares se encuentran agrupadas bajo la denominación global de "sociedades no constituidas regularmente". Pero, más allá de todas las disquisiciones en el ámbito doctrinario, existe una realidad: la unión para un emprendimiento pequeño, microemprendimiento, pequeños negocios, etcétera, cualquiera fuese su denominación, emerge de una asociación inicial generalmente de dos personas (pueden ser más), que, cumpliendo con todos los requisitos fiscales y laborales, se lanzan a desarrollar una actividad. Este querer hacer no es impedido por una serie de gastos, formalidades, requisitos y diversos pasos esenciales que implica otro tipo asociativo regularmente constituido. Se utiliza mucho como un paso previo, de prueba, antes de conformar una sociedad regular que implique mayores erogaciones, en un momento donde el objeto fundamental es utilizar los fondos en la actividad coomercial, industrial, etcétera. También es necesario destacar que los socios y quienes contrataren en nombre de la sociedad quedan solidariamente obligados por las operaciones sociales.

El administrador o representante obliga a la sociedad por todos los actos que no sean notoriamente extraños al objeto social. La prescripción ordinaria en materia comercial en este tipo de uniones es de diez años. Su costo de constitución y de administración no es significativo.

2.2. Sociedad accidental o en participación

Este tipo societario, normalmente, se utiliza para la realización de una o más operaciones específicas y transitorias. Es una forma societaria simple. Para designarlas se utilizan distintas expresiones: "sociedad momentánea", "sociedad transitoria", "negocio en participación", "asociación en participación", "cuenta en participación". Con frecuencia, está referido su objeto a una única y determinada operación. La falta de personalidad jurídica no permite una empresa estable y con futuro. Muchos autores le niegan a esta unión el carácter de sociedad. No obstante ello, este tipo societario se encuentra plasmado en distintas legislaciones, por ejemplo en la argentina. Se conforma la sociedad en participación o accidental cuando se realiza una actividad singular o aislada, entendiéndose por tal aquella que no se perpetúa en nuevos actos o negocios, aun cuando no se trate necesariamente de un emprendimiento de corta duración. En síntesis, se sugiere únicamente constituir esta sociedad por una o muy pocas operaciones; abarca uno o pocos negocios.

Las características de esta sociedad son: acuerdo de las voluntades de los participantes, transitoriedad, carácter oculto de los socios, carencia de personalidad jurídica, con un gestor que desempeña la actividad a nombre propio, anómala, sin denominación social y con pautas sociales muy flexibles. No se inscribe en el Registro Público de Comercio. Su costo de constitución y de administración no es significativo.

La asociación en participación es una forma impropia de sociedad, por la cual una persona forma parte en los negocios mercantiles de otra, dividiendo con ella ganancias y pérdidas. Esta asociación suele durar poco tiempo y se refiere a operaciones singulares: ya es un negociante que asocia a un amigo para comprar a riesgo común una gran partida de mercancías en el país de origen, ya es un asentista que se asocia en su concesión a un capitalista y la conduce a riesgo común. Lo que el asociado da al asociante para que lo emplee en operaciones comerciales hácese propiedad de este último: el asociado es un simple acreedor que tiene derecho a que se le dé cuenta de las ganancias y pérdidas del negocio efectuado.

La asociación está exenta de formalidades, en especial, de la publicidad prescripta para la regular constitución de una sociedad: la ley se satisface con que la asociación quede probada por escritura, a causa de los graves intereses que a menudo dependen de ella. Pero esto no significa que el secreto sea un elemento esencial para salvar al asociado de la responsabilidad ilimitada y solidaria que incumbe a los socios de una compañía mercantil colectiva. La publicidad dada a este vínculo de asociación es una cosa superflua pero no un defecto; basta que la injerencia del asociado en los negocios sociales o el uso de una razón social no induzcan racionalmente a un tercero a suponer la existencia de una sociedad para que el asociado se exima de la responsabilidad solidaria o ilimitada del socio.

2.3. Sociedad de capital e industria

Este tipo societario es una especie de alianza entre los factores de la producción y permite al trabajador el empleo económico de sus habilidades. Es una sociedad de personas constituida por uno o más socios que aportan bienes, a los cuales se los llama "socios capitalistas", y por uno o más socios que aportan únicamente el trabajo, a quienes se los denomina "socios industriales". El o los socios capitalistas responden por el resultado de las obligaciones sociales, en forma subsidiaria, solidaria e ilimitada y el o los socios industriales, hasta la concurrencia de las ganancias no percibidas. El contrato social debe determinar la parte del socio industrial en los beneficios sociales y, a los efectos del cálculo de su voto, se lo considera igualado al del capitalista con menor aporte.

La denominación social se integra con la expresión "sociedad de capital e industria" o su abreviatura. En caso de actuar con una razón social, no podrá figurar en ella el nombre del socio industrial. La violación de esta norma hará responsable solidariamente al firmante con la sociedad por las obligaciones contraídas.

La representación y la administración de la sociedad pueden ser ejercidas por cualquiera de los socios.

No se admite en este tipo asociativo la sociedad entre cónyuges. El socio capitalista, además de aportar capital, también puede aportar trabajo. Es decir, su responsabilidad está limitada hasta los resultados de sus trabajos. Es en cierta manera una situación favorable, un reconocimiento al valor del trabajo, considerado como un elemento definitivo en la formación de la riqueza en general. Es un verdadero estímulo al hombre de trabajo, al técnico y, en general, a todos aquellos que por falta de capital no pueden acceder a algún otro tipo societario.

Su costo de constitución no es muy elevado. La inscripción debe efectuarse en la Inspección General de Justicia (IGJ) o en el organismo competente de cada provincia o región.

2.4. Sociedad colectiva

Es típicamente una sociedad de personas, en contraposición a las denominadas sociedades de capital. Es aquella sociedad que une a dos o más personas que tienen o toman la calidad de comerciante con miras a una empresa comercial. Cada socio es personalmente responsable y todos son solidarios entre sí. Los socios contraen responsabilidad subsidiaria, ilimitada y solidaria. El pacto en contrario no es oponible a terceros; esto significa que los acreedores de la sociedad deben excutir los bienes de la sociedad antes de actuar contra los socios individualmente; los socios responden con todo su patrimonio por las deudas de la sociedad y, a su vez, cada socio responde por la totalidad de la deuda social una vez cumplido el requisito de excusión; el socio que efectúa los pagos puede luego accionar contra los socios restantes. La denominación social se integra con las palabras "sociedad colectiva" o su abreviatura. En caso de actuar mediante una razón social, ésta se forma con el nombre de alguno, algunos o todos los socios. Debe contener las palabras "y compañía" o su abreviatura si en ella no figuraren los nombres de todos los socios. Se admite la administración a cargo de un tercero no socio.

No se exige en cuanto al capital, máximo ni mínimo.

La división de su capital es en partes de interés.

Su constitución puede realizarse por instrumento privado o por escritura pública. No se admite la sociedad entre cónyuges. Su costo de constitución no es muy elevado. La inscripción debe efectuarse en la Inspección General de Justicia (IGJ) o en el organismo competente de cada provincia o región.

2.5. Sociedad en comandita simple

La constitución de esta sociedad se basa en las dos categorías de socios: los comanditados con responsabilidad subsidiaria, solidaria e ilimitada en forma idéntica a los socios colectivos y los comanditarios que sólo responden con el capital aportado. Éstos aportarán medios o bienes a otros socios, comanditados o colectivos, los cuales deberán ocuparse de la explotación o actividad empresarial. Es una sociedad en la que unos socios (colectivos) responden con todos sus bienes del resultado de la gestión social, mientras que otros (comanditarios) responden solamente con los fondos que pusieron o se obligaren a poner en la sociedad (Uría). Es una sociedad de personas que une a dos o más socios con calidades distintas: el o los comanditados, que son comerciantes y que se encuentran, si son varios, en la situación de socios colectivos, y el o los comaditarios, que se obligan solamente con su aporte y no tienen calidad de comerciantes. El contrato societario debe registrarse en el Registro Público de Comercio.

Debe tenerse en cuenta que en esta sociedad, al menos, uno de los socios responde "ilimitadamente" y el otro, al menos, responde "limitadamente". El o los socios comanditados responden por las obligaciones sociales como los socios de la sociedad colectiva y el o los socios comanditarios, sólo con el capital que se obliguen a aportar. Se actúa bajo una razón social que se formará exclusivamente con el nombre o los nombres de los comanditados. El capital comanditario se integra solamente con el aporte de las obligaciones de dar; mientras que el aporte comanditario puede consistir en obligaciones de dar o de hacer, ya que la responsabilidad de este tipo de socio va más allá de su aporte. No se admite la constitución de esta sociedad mediante esposos.

La administración y la representación de esta sociedad son ejercidas por los socios comanditados o terceros que se designen; se aplican las normas sobre administración de las sociedades colectivas. El socio comanditario no puede inmiscuirse en la administración; en caso de hacerlo, se transformará en responsable ilimitada y solidariamente. Su responsabilidad se extenderá a los actos en que no hubiera intervenido cuando su actuación administrativa fuere habitual. Tampoco puede ser mandatario.

No se admite esta sociedad entre cónyuges.

Su costo de constitución no es muy elevado.

La inscripción debe efectuarse en la Inspección General de Justicia (IGJ) o en el organismo competente de cada provincia o región.

2.6. Sociedad en comandita por acciones

Esta sociedad agrupa dos clases o categorías de socios. Uno o varios se denominan comanditados, obligados en forma ilimitada y solidaria por todos los compromisos sociales, en tanto que los otros, llamados los comanditarios, hasta la concurrencia de sus aportes al capital que suscriben. Los aportes de éstos se representan en acciones que son nominativas y no endosables. La denominación social se constituye mediante la expresión "sociedad en comandita por acciones", su abreviatura o la sigla SCA. En caso de omitirse dicha indicación, se transformarán en solidaria e ilimitadamente responsables el administrador, juntamente con la sociedad, por los actos concretados en dichas condiciones. Este tipo societario debe constituirse mediante instrumento público.

La administración puede ser unipersonal y debe ser ejercida por el socio comanditado o tercero.

El socio comanditado tiene la responsabilidad que equivale a la del socio colectivo y el comanditario la limita al aporte.

Tiene un costo de constitución significativo y, además, una tasa anual.

La inscripción debe efectuarse en la Inspección General de Justicia (IGJ) o en el organismo competente de cada provincia o región.

En el caso de socios cónyuges, uno debe revestir la calidad exclusiva de comanditario. En caso de participar ambos, no se admite que sean los dos socios comanditados.

2.7. Sociedad anónima

Asociación de capitales para formar una empresa y realizar diversas actividades. Es una sociedad de capital, no de personas; los aspectos personales pasan a ser irrelevantes. El capital de la sociedad se divide en acciones, característica definitoria, tipificante e inherente a este tipo societario. A cambio de lo que aportan los socios al patrimonio social, reciben títulos negociables, conocidos con el nombre de acciones, que tienen igual valor y confieren iguales derechos. Estos títulos expresan el nombre de la sociedad, su acta constitutiva, su capital y su duración, y se emiten después de haberse constituido la sociedad.

El capital está formado por una cantidad de acciones. Los accionistas sólo responden por las obligaciones de la sociedad hasta el monto de las acciones por ellos suscriptas. Carece de razón social, pero sí tiene denominación.

El número de accionistas mínimo es dos y no se le fija un número máximo.

Este tipo societario debe abonar una tasa anual cuyo monto se determina de acuerdo con la sumatoria del capital social de sus estatutos y de la cuenta ajuste del capital resultante de sus estados contables. Además, se constituye por instrumento público y por acto único o suscripción pública. El capital debe suscribirse totalmente al tiempo de la celebración del contrato constitutivo y no puede ser inferior a $ 12.000 (pesos doce mil) y la integración no puede ser inferior al 25 % de la suscripción. Además, está sujeta al pago de una tasa anual.

El directorio es el órgano permanente y necesario que tiene a su cargo la tarea de administrar y gestionar los negocios de la sociedad y está compuesto por uno o más miembros. En las sociedades anónimas del art. 299 de la ley 19.550, se requieren tres directores. El directorio debe reunirse una vez cada tres meses como mínimo y se requiere la presencia de la mitad más uno como mínimo.

Los directores responden ilimitada y solidariamente hacia la sociedad, los accionistas y los terceros por el mal desempeño de su cargo, así como por la violación de la ley, el estatuto o el reglamento y por cualquier otro daño, abuso de facultades o culpa grave.

La Asamblea es el órgano deliberativo de la sociedad anónima. Puede ser ordinaria o extraordinaria.

La fiscalización puede estar a cargo de uno o más síndicos por la asamblea de accionistas y la estatal, en caso de corresponder, es de carácter permanente.

El costo operativo de este tipo societario, es decir, trámites administrativos, constitución, tasa anual, presentaciones ante diversos organismos, genera un gasto significativo con respecto a las otras clases de sociedades. Generalmente, se constituye cuando el objeto social, la dinámica y el desarrollo de su actividad y el nivel operativo e institucional lo justifican.

La inscripción debe efectuarse ante la Inspección General de Justicia (IGJ) o los organismos competentes de cada provincia o región.

Se admite esta sociedad entre cónyuges.

2.8. Sociedad de responsabilidad limitada

Algunos tratadistas la consideran como una sociedad de personas; otros, como una sociedad de capital y algunos, como una sociedad de economía "mixta". Pero, más allá de los aspectos doctrinarios, es una sociedad cuyo capital se divide en cuotas de igual valor; el número de socios no puede superar los cincuenta y el mínimo es dos. Los socios limitan su responsabilidad a la integración de las cuotas que suscriban o adquieran y éstas pueden transmitirse libremente, excepto disposición en contrario. Este tipo de sociedad admite que los esposos la integren entre sí. La denominación social puede incluir el nombre de uno o más socios y contener la expresión "sociedad de responsabilidad limitada", su abreviatura o la sigla SRL. En caso de omitirse, hace responsable ilimitada y solidariamente al gerente por los actos que celebre en esas condiciones. No se requiere un capital mínimo ni máximo; solamente, que se divida en cuotas de igual valor de $ 10 o sus múltiplos.

La administración y la representación de la sociedad corresponden a uno o más gerentes, socios o no, designados por tiempo determinado o indeterminado en el contrato constitutivo o posteriormente.

Los gerentes son responsables individual o solidariamente, según la organización de la gerencia y la reglamentación de su funcionamiento. Si una pluralidad de gerentes participaran en los mismos hechos generadores de responsabilidad, el juez puede fijar la parte que a cada uno corresponde en la reparación de los perjuicios, atendiendo a su actuación personal.

Puede establecerse un órgano de fiscalización, sindicatura o consejo de vigilancia que se rige por las pautas contractuales.

Su costo de constitución, operativo y de administración es inferior al de una sociedad anónima.

La inscripción debe efectuarse ante la Inspección General de Justicia (IGJ) o los organismos competentes de cada provincia o región y se requiere a un contador o abogado.

SÍNTESIS DE LA ELECCIÓN

CARACTE-RÍSTICAS	SOCIEDAD DE HECHO	SOCIEDAD COLECTIVA	SOCIEDAD DE CAPITAL E INDUSTRIA	SOCIEDAD EN COMANDITA SIMPLE
FORMA INSTRUMENTAL	El acto constitutivo carece de instrumentación. Figura dentro de las sociedades no constituidas regularmente.	Se constituye por instrumento privado o instrumento público.	Se constituye por instrumento privado o instrumento público.	Se constituye por instrumento privado o instrumento público.
RAZÓN SOCIAL O DENOMINACIÓN	Puede utilizar una razón social si figura algún socio y el aditamento "compañía".	La denominación social se integra con las palabras "sociedad colectiva" o su abreviatura. Si actúa bajo una razón social, ésta se forma con el nombre de alguno, algunos o todos los socios. Debe contener las palabras "y compañía" o su abreviatura si en ella no figuraren los nombres de todos los socios.	En la razón social no puede figurar el nombre del socio industrial. La denominación social se integra con las palabras "Sociedad de Capital e Industria" o su abreviatura.	La denominación social se integra con las palabras "Sociedad en Comandita Simple" o su abreviatura. Si fuese una razón social, se debe formar únicamente con el nombre o nombres de los comanditados.
BIENES APORTABLES	Obligaciones de dar o hacer.	Obligaciones de dar o hacer.	El socio capitalista, obligaciones de dar o hacer. El socio industrial, obligaciones de hacer.	El capital comanditario se integra solamente con el aporte de obligaciones de dar.
REPRESENTACIÓN DEL CAPITAL Y TRANSMISIBILIDAD DE LA CONDICIÓN DE SOCIO	El administrador o representante de acuerdo con el contrato que tenga está obligado por todos los actos que no sean notoriamente extraños al objeto social.	La participación de cada socio puede ser de distintos importes y la transmisión o transferencia de la parte a otro socio requiere el consentimiento de todos los socios, salvo pacto en contrario, y conformidad del cónyuge.	La participación del socio capitalista está dada en función de su aporte y la transmisión o transferencia de las partes a otros socios requiere el consentimiento de todos los socios, salvo pacto en contrario, y conformidad del cónyuge.	La participación del socio capitalista está dada en las partes de into y la transmisión o transferencia de las partes a otros socios requiere el consentimiento de todos los socios, salvo pacto en contrario, y conformidad del cónyuge.

SOCIEDAD EN COMANDITA POR ACCIONES	SOCIEDAD DE RESPONSABILIDAD LIMITADA	SOCIEDAD ANÓNIMA	UNIPER-SONAL	SOCIEDAD ACCIDENTAL O EN PARTICIPACIÓN
Se constituye por instrumento público y por acto único o por suscripción pública.	Se constituye por instrumento privado o por instrumento público.	Se constituye por instrumento público y por acto único o suscripción pública.	No requiere formalidades. Es el empresario individual.	No tiene requisitos formales. Puede constituirse por instrumento público o privado.
La denominación social se integra con las palabras "Sociedad en Comandita por Acciones", su abreviatura o la sigla SCA. Si actúa bajo una razón social, ésta se forma con el nombre de alguno, algunos o todos los socios.	No se admite razón social. La denominación puede incluir el nombre de uno o más socios y debe contener la indicación "Sociedad de Responsabilidad Limitada", su abreviatura o la sigla SRL.	No se admite razón social. La denominación social puede incluir el nombre de una o más personas de existencia visible y debe contener la expresión "Sociedad Anónima", su abreviatura o la sigla SA.	Denominación personal.	Carece de denominación social.
El capital se integra solamente con obligaciones de dar. Se veda el aporte de uso y goce.	El capital se integra solamente con obligaciones de dar. Se veda el aporte de uso y goce. Se divide en cuotas de igual valor, $ 10 o sus múltiplos.	El capital se integra solamente con obligaciones de dar. Se veda el aporte de uso o goce. El capital se divide en acciones. Pueden ser ordinarias o preferidas, nominativas, endosables, nominativas no endosables y escriturales	El titular aporta obligaciones de dar o hacer.	Aportaciones comunes a nombre personal del socio gestor.
Existen: capital comanditario, integrado por acciones, y capital comanditado, constituido por partes de into, como en todas las sociedades en comandita. Éstas pueden ser desiguales.	El capital se divide en cuotas de igual valor transmisibles aunque pueden existir limitaciones. Conformidad del cónyuge. Cantidad máxima de socios: 50.	El capital está compuesto por acciones de igual valor transmisibles aunque pueden existir limitaciones. El capital debe suscribirse íntegramente y la integración en dinero efectivo no puede ser menor al 25 % de la suscripción. Capital mínimo $ 12.000.	El capital está compuesto por sus aportes.	El capital social está compuesto por el aporte de los socios gestores y no gestores.

CARACTE-RÍSTICAS	SOCIEDAD DE HECHO	SOCIEDAD COLECTIVA	SOCIEDAD DE CAPITAL E INDUSTRIA	SOCIEDAD EN COMANDITA SIMPLE
RESPONSABILIDAD DE LOS SOCIOS O	Los socios y quienes actúan como tales responden ilimitada y solidariamente por el pasivo social y los perjuicios causados.	La responsabilidad es subsidiaria, ilimitada y solidaria. El pacto en contrario no es oponible a terceros.	El socio capitalista asume una responsabilidad ilimitada, solidaria y subsidiaria. En cambio, el socio industrial es responsable hasta las ganancias no percibidas.	El comanditado asume una responsabilidad subsidiaria. El socio comanditario, limitada a su aporte.
ADMINISTRACIÓN Y REPRESENTACIÓN. GOBIERNO	Cualquiera de los socios representa la sociedad en las relaciones con los terceros.	Si el contrato nada prevé, cualquiera puede administrar (socios o no); la administración puede ser indistinta o conjunta.	La administración y la representación pueden ser ejercidas por cualquiera.	La administración y la representación de la sociedad son ejercidas por los socios comanditados o terceros que se designen.
COSTO DE LA CONSTITUCIÓN Y FORMALI-	Costo muy reducido.	Costo reducido y pocas formalidades.	Costo reducido y pocas formalidades.	Costo reducido y pocas formalidades.
POSIBILIDAD MONOTRIBU-	SÍ	SÍ	SÍ	SÍ
FISCALIZACIÓN	Los socios pueden examinar los libros y papeles sociales y recabar del administrador los informes pertinentes.	Los socios pueden examinar los libros y documentos y pedir al administrador los informes necesarios.	Los socios pueden examinar los libros y documentos y pedir al administrador los informes necesarios.	Los socios pueden examinar los libros y documentos y pedir al administrador los informes necesarios. El socio comanditario está facultado para actos de examen, inspección, vigilancia y verificación.

SOCIEDAD EN COMANDITA POR ACCIONES	SOCIEDAD DE RESPONSABILIDAD LIMITADA	SOCIEDAD ANÓNIMA	EMPRESA UNIPERSONAL	SOCIEDAD ACCIDENTAL O EN PARTICIPACIÓN
El comanditado asume una responsabilidad ilimitada, solidaria y subsidiaria. El socio comanditario limita su responsabilidad a su aporte.	Está limitada a la integración de las cuotas adquiridas o suscriptas.	Está limitada al aporte comprometido, o sea, a las acciones suscriptas.	Responsabilidad ilimitada y subsidiaria. Responde con todo su patrimonio.	El socio gestor, dueño del negocio asume la responsabilidad frente a terceros.
La administración puede ser unipersonal y ejercida por el socio comanditado o tercero.	La gerencia es el órgano encargado de la administración de la sociedad. Puede ser de uno o más gerentes socios o no. Reunión de socios.	La administración corresponde al directorio. La representación le es encomendada al presidente. Asamblea ordinaria. Asamblea extraordinaria.	Personal.	La representación y la administración están a cargo de un socio gestor
Elevado costo con respecto al resto. Similar a la sociedad anónima.	Menor costo constitutivo y menores formalidades que una sociedad anónima.	Costo elevado con respecto al resto de las sociedades. Además, debe cumplir diversos requisitos ante los organismos competentes y otras formalidades.	Costo muy reducido.	Costo muy reducido.
NO	NO	NO	SÍ	SÍ
Los socios pueden examinar los libros y documentos y pedir al administrador los informes necesarios. El contralor individual de los socios no puede ser ejercido ni corresponde a los socios de las sociedades por acciones, excepto cuando en ésta se prescinda de la sindicatura.	Puede tratarse de una fiscalización optativa o de una fiscalización obligatoria. Optativa: puede establecerse un órgano de fiscalización, sindicatura o consejo de vigilancia que se regirá por las disposiciones del contrato. Obligatoria: la sindicatura o el consejo de vigilancia son obligatorios de la sociedad cuyo capital alcance a más de $ 10.000.000.	Fiscalización privada a cargo de uno o más síndicos. Fiscalización estatal. Permanente o limitada. Comisión fiscalizadora.		El socio gestor debe rendir cuentas de los negocios en el momento convenido.

CAPÍTULO III

MODELOS DE CONTRATOS

SOCIEDAD DE HECHO

En la ciudad de..., a los... días de... de..., se reúnen el señor:... (nombre y apellido), nacionalidad..., documento de identidad tipo y n°..., profesión..., estado civil..., edad..., y el señor... (ídem), con el objeto de conformar una sociedad de hecho sujeta a las siguientes cláusulas:

Art. 1.– La sociedad se denomina..., con domicilio social y legal en..., de la ciudad de...

Art. 2.– El capital social será de $... (pesos...), integrándose de la siguiente forma: el señor... aporta e integra en el presente acto la suma de $... (pesos...) en efectivo; y el señor... aporta e integra la suma de $... (pesos...) y un automóvil... (detallar características), valuado en $... (pesos...).

Art. 3.– El objeto social será la fabricación y la comercialización de...

Art. 4.– La sociedad tendrá una duración de 10 (diez) años. En el caso de retiro de uno de los socios, deberá notificar al otro con ... días de anticipación, quedando en esta forma disuelta la sociedad, pero previamente deberá procederse a la conclusión definitiva de todas las operaciones en proceso de realización.

Art. 5.– En caso de fallecimiento o incapacidad de uno de los socios, se procederá a la disolución y liquidación de la misma.

Art. 6.– El gobierno y la documentación de la sociedad serán ejercidos por los socios en forma indistinta. Éstos no podrán utilizar ni adjudicarse la representación social para cuentas, transacciones u operaciones ajenas a la actividad de la empresa. El socio actuante deberá informar al otro de la gestión realizada.

Art. 7.– El ejercicio contable abarcará desde el... hasta el... de cada año. Al finalizar cada ejercicio, se efectuará el Balance General y el Estado de Resultados correspondiente al período. La distribución de las utilidades se efectuará de la siguiente forma:... En caso de existir pérdidas, se aplicará la misma proporción expresada para el supuesto de distribución de utilidades.

Art. 8.– En caso de disolución, cualquiera fuese su causa, los socios, de común acuerdo, designarán al liquidador; previo pago de las obligaciones sociales, el haber restante se dividirá entre los socios en proporción al capital aportado o en los porcentajes siguientes:...

En prueba de conformidad, los socios firman el presente contrato, en lugar y fecha indicados en el mismo, hecho en ... ejemplares de un mismo tenor y a un solo efecto y cada parte recibe el suyo en este acto.

SOCIEDAD COLECTIVA

A) En la ciudad de..., a los... días del mes de.... de..., se reúnen los señores (nombre y apellido, nacionalidad, edad, estado civil, tipo y n° de documento, profesión y domicilio) y convienen, de común acuerdo, en constituir una sociedad colectiva que se regirá por las siguientes cláusulas particulares y lo dispuesto por la Ley de Sociedades Comerciales.

Art. 1.– La sociedad colectiva se denominará... y... Sociedad Colectiva (o..., ... y Cía. Sociedad Colectiva o SC), con domicilio legal en la calle..., n°..., de... La sociedad podrá abrir agencias, sucursales y depósitos en cualquier ciudad del país.

Art. 2.– El plazo de duración de la sociedad será de... años a partir de la fecha de inscripción en el Registro Público de Comercio. Este plazo será renovado por acuerdo de los socios o bien éstos, asimismo, pueden disolverla anticipadamente. Cualquiera de los socios puede renunciar a la sociedad, debiendo comunicar a los restantes tal decisión con una anticipación mínima de... días; la sociedad, en tal caso, procederá a preparar un balance general a los efectos de determinar el monto correspondiente. El que resulte se pagará en ..... cuotas mensuales (trimestrales o semestrales), iguales y consecutivas, venciendo la primera a los... días de la fecha de comunicación del retiro.

Art. 3.– El capital social asciende a $... (pesos ...); cada socio aporta... e integra en efectivo de acuerdo con las siguientes proporciones: el socio..., $... (pesos ...); el socio..., $... (pesos ...) y el socio..., $... (pesos ...).

Art. 4.– La sociedad tendrá como objeto comercial: comprar, vender, distribuir, exportar, importar, financiar, producir y realizar operaciones afines y complementarias —de cualquier clase— de productos..., sea por su propia cuenta o asociada a otra empresa o de terceros independientes, tanto en el territorio nacional como en el extranjero. Para ello, la sociedad tendrá plena capacidad jurídica para realizar todos los actos relacionados con su objeto social.

Art. 5.– La designación como administradores de la sociedad de los socios... y... (en caso de designarse un tercero, deberán indicarse los datos personales), quienes en forma conjunta (o indistinta) tendrán el uso de la firma social y ejercerán la representación legal de la sociedad. Podrán celebrar todo acto lícito y contratos con instituciones bancarias públicas y privadas, organismos estatales, así como también arrendar, comprar y vender bienes inmuebles; les está prohibido el uso de la firma para operaciones extrañas al objeto social o para avalar o garantizar, en favor de terceros, operaciones ajenas al giro comercial. Los administradores se desempeñarán por el término de ..... años, podrán reelegirse y ser removidos por el voto de la mayoría del capital cuando mediare justa causa (puede ser en cualquier momento y sin invocación de justa causa).

Art. 6.– Los socios no podrán realizar ningún acto o contrato que importe competir con el fin comercial de la sociedad. En caso de duda, deberán contar con el consentimiento expreso y unánime de los demás socios; caso contrario, será de aplicación lo dispuesto en la Ley de Sociedades Comerciales.

Art. 7.– Cualquier modificación del presente contrato requiere la aprobación unánime de los socios. La parte de capital de cada socio es intransferible a terceros extraños a la sociedad, requiriéndose para ello el acuerdo unánime de los socios restantes, quienes tendrán prioridad de compra y al valor que se fije según el resultado del balance que se prepare para este efecto.

Art. 8.– En el supuesto de fallecimiento de uno de los socios, los herederos, previa unificación de la personería si fuese necesario, continuarán en la sociedad con los mismos derechos y obligaciones del fallecido. En el caso que los herederos no aceptasen continuar en la sociedad, los socios restantes completarán el capital correspondiente, procediendo a preparar un balance general, en un plazo de tres meses, para determinar los valores correspondientes; el pago del monto total que resulte se hará en... cuotas mensuales (trimestrales, semestrales), iguales y sucesivas, de $... (pesos ...) a partir de los... días del balance señalado.

Art. 9.– Los socios harán retiros mensuales de dinero en proporción al capital aportado, en concepto de "a cuenta de las ganancias del ejercicio en curso" (puede fijarse un plus a los administradores, importes que se cargarán a gastos generales como pago de gastos de representación).

Art. 10.– El ejercicio comercial terminará el día... del mes de... de cada año; en esta oportunidad, los administradores prepararán el inventario y el balance general, que serán puestos a consideración de los socios dentro de los... días de la citada fecha; una vez aprobados por unanimidad serán suscriptos por todos los socios. Las ganancias resultantes, previa deducción de las reservas, previsiones, provisiones y amortizaciones, se repartirán entre los socios en proporción al capital aportado. Si resultaren pérdidas, éstas serán soportadas por los socios en la proporción correspondiente.

Art. 11.– Si se dispusiera la disolución de la sociedad por cualquier causa y en cualquier momento, los administradores, o quien designen los socios, practicarán la liquidación final; previo pago de las deudas societarias, el saldo se repartirá entre los socios en forma proporcional al capital de cada uno de ellos.

Art. 12.– El socio, señor..., aporta el uso y goce de... con el objeto de ser utilizado exclusivamente por la sociedad, a partir del... En caso de deterioro, pérdida o destrucción parcial o total del bien, la sociedad se hará cargo de la reparación o restitución del mismo en un plazo de... días de haberse producido el suceso.

En prueba de conformidad, los socios firman el presente contrato, en lugar y fecha indicados al inicio, hecho en... ejemplares de un mismo tenor y a un solo efecto y cada parte recibe el suyo en este acto.

B) En la ciudad de... a los... días del mes de... de..., reunidos los señores (nombre y apellido, nacionalidad, edad, estado civil, documento de identidad, profesión y domicilio), resolvieron constituir una sociedad que se regirá por las siguientes cláusulas particulares y por lo dispuesto en la Ley de Sociedades Comerciales.

Art. 1.– Déjase constituida por los firmantes una sociedad comercial bajo la denominación de... sociedad colectiva, con domicilio legal y administrativo en la calle..., n°..., de... La sociedad podrá trasladar este domicilio e instalar sucursales, agencias, fábricas y depósitos en el país o en el extranjero.

Art. 2.– La sociedad durará... años a partir del día... del mes de... del año..., fecha a la que se retrotraen los efectos de este contrato; pudiendo prorrogarse este plazo por iguales períodos siempre que no se resolviera su disolución por voluntad unánime de sus socios.

Art. 3.– La sociedad tendrá como objeto comercial: comprar, vender, distribuir, exportar, importar, financiar, producir y realizar operaciones afines y complementarias —de cualquier clase— de productos..., sea por su propia cuenta o asociada a otra empresa o de terceros independientes, tanto en el territorio nacional como en el extranjero. Para ello, la sociedad tendrá plena capacidad jurídica para realizar todos los actos relacionados con su objeto social.

Art. 4.– El capital societario se establece en pesos... ($...), aportado por los socios por partes iguales, y el mismo ha sido integrado según balance e inventario practicado el...

y del cual se agrega un ejemplar que se considera parte integrante del presente contrato.

Art. 5.– La administración, uso de la firma social y representación de la sociedad será ejercida por el señor... en su carácter de... (o los señores... y...) designado por el plazo de duración de la sociedad (o bien puede determinarse por... años), pudiendo ser reelecto. El uso de la firma es conjunto (o indistinto) y tendrá todas las facultades para actuar ampliamente en todos los negocios sociales, pudiendo realizar cualquier acto o contrato para la adquisición de bienes muebles o inmuebles, enajenación, cesión, locación, gravarlos con derechos reales, efectuar todas las operaciones bancarias con el Banco de la Nación, Banco Central o cualquier otra institución bancaria oficial o privada.

Art. 6.– Los socios dejan expresa constancia de que el local afectado al giro del negocio podrá ser incorporado al capital del ente mediante un aumento de capital si los requerimientos de la sociedad así lo determinaran, ya que el inmueble es de propiedad en condominio por partes iguales de los socios.

Art. 7.– La sociedad llevará legalmente su contabilidad y preparará anualmente su balance al día... del mes... de cada año, con el respectivo inventario y memoria; los socios participarán, en partes iguales, de los beneficios o soportarán las pérdidas en la misma proporción.

Art. 8.– La cesión de cada parte social no podrá hacerse a terceros extraños sin la aprobación por el voto favorable de los socios que representen a las tres cuartas partes del capital (puede establecerse la unanimidad o por mayoría de los socios). El valor de la parte se determinará por medio de un balance general a la fecha de... En el caso de fallecimiento de uno de los socios, la sociedad optará por incorporar a los herederos, si así éstos lo solicitaran, o bien proceder a efectuar la cesión de parte, según el régimen establecido en el punto anterior; en el supuesto de incorporación, los herederos deberán unificar su personería. Si no se produce su incorporación, la sociedad pagará a los herederos que así lo justifiquen, o al administrador de la sucesión, el importe correspondiente al valor de lo determinado por el procedimiento señalado precedentemente.

Art. 9.– Cumplido el plazo de duración de la sociedad, los socios podrán proseguirla, según las disposiciones de la Ley de Sociedades Comerciales. Si por cualquier causal se produjera la disolución de la sociedad, los administradores procederán a efectuar la correspondiente liquidación, pagando las deudas sociales y las retribuciones al liquidador, así como también los gastos que demande la liquidación; el saldo se distribuirá a los socios en proporción del capital integrado. La sociedad podrá excluir al socio cuando mediare justa causa, aplicando para ello lo dispuesto en la Ley de Sociedades Comerciales.

Art. 10.– La sociedad confiere poder a los señores... y..., quienes conjunta o indistintamente gestionarán la constitución de la sociedad hasta la inscripción en el Registro Público de Comercio. Cualquier divergencia en la interpretación de este contrato será resuelta por las disposiciones de la Ley de Sociedades Comerciales y, según el caso, por las disposiciones del Código de Comercio o del Código Civil.

Art. 11.– Cada diferencia se someterá a los tribunales..., renunciando a cualquier otro foro o jurisdicción.

Art. 12.– En lugar y fecha indicados *ut supra*, se firman tantos ejemplares como firmantes y cada uno recibe en este acto su ejemplar.

C) Entre los señores..., estado civil..., nacionalidad..., con domicilio en..., edad..., documento de identidad (identificar)..., de profesión..., y..., estado civil..., nacionalidad..., con domicilio en..., edad..., documento de identidad (identificar)..., de profesión..., de común acuerdo se ha convenido la constitución de una sociedad colectiva bajo las siguientes cláusulas:

Art. 1.– La sociedad girará bajo la razón social "... y ... sociedad colectiva" teniendo su domicilio legal y sede social en la calle... de la..., facultándose a su administración para constituir agencias y sucursales en cualquier lugar del país.

Art. 2.– El capital social se fija en la suma de $... (pesos ...) aportado e integrado por partes iguales por los dos socios.

Art. 3.– La sociedad se constituye por el término de... años desde la fecha del presente contrato.

Art. 4.– El objeto social consiste en la producción, fabricación, transformación, compra y venta, distribución de todas clases de... Para el cumplimiento de los fines sociales, la sociedad podrá realizar todos los actos y contratos que se relacionen directa o indirectamente con el objeto.

Art. 5.– La administración de la sociedad estará a cargo de cualesquiera de los dos socios con el carácter de gerente. El uso de la firma social estará a cargo en forma indistinta de cualquier socio, bastando la firma personal con el sello de la razón social. En tal carácter y forma podrán realizar toda operación bancaria con los bancos oficiales, particulares e instituciones de crédito públicas y privadas; comprar, vender, hipotecar y gravar bienes inmuebles, muebles y semovientes; constituirse en acreedores prendarios; otorgar poderes generales y especiales y demandar o contestar demandas. Lo anteriormente detallado no tiene carácter limitativo y los gerentes están facultados para realizar cualquier acto lícito relacionado con los fines sociales y únicamente no podrán emplear la firma social en operaciones ajenas al objeto de la sociedad y en garantías o avales en favor de terceros.

Art. 6.– Ningún socio podrá ceder su parte de capital a terceros extraños a la sociedad sin la conformidad del otro socio.

Art. 7.– Los socios podrán efectuar retiros mensuales de sumas de dinero en igual proporción a cuenta de las ganancias del ejercicio.

Art. 8.– En caso de fallecimiento de cualquiera de los dos socios, la sociedad queda disuelta y se procederá a su liquidación con arreglo a lo dispuesto en la norma legal pertinente, salvo que en el plazo de tres meses se incorporen nuevos socios.

Art. 9.– Anualmente, cada... de..., se confeccionará el inventario y el balance social, los que serán aprobados y suscriptos por ambos socios. Previa deducción de las sumas que se destinen para reservas, amortizaciones, previsiones y provisiones, las ganancias restantes serán repartidas entre los socios por partes iguales.

Art. 10.– Si por cualquier causa se produjera la disolución de la sociedad, la correspondiente liquidación será practicada por ambos socios, o por la persona o personas que al efecto designen de común acuerdo, supeditando su cometido a las prescripciones legales sobre la materia.

En la ciudad de..., a los... días del mes de... del año... se firman de conformidad dos ejemplares de un mismo tenor.

SOCIEDAD DE
CAPITAL E INDUSTRIA

A) En la ciudad de..., a los... días del mes de... de..., entre los señores... (nombre y apellido, nacionalidad, edad, estado civil, documento de identidad, profesión y domicilio), y... (nombre y apellido, nacionalidad, edad, estado civil, documento de identidad, profesión y domicilio) en lo sucesivo llamados socios capitalistas y los señores... (ídem anterior), en adelante denominados los socios industriales, convienen en celebrar de común acuerdo el presente contrato de "Sociedad de Capital e Industria", sujeto a las siguientes cláusulas:

Art. 1.– La sociedad actuará en plaza con la denominación de... Sociedad de Capital e Industria; tendrá su domicilio legal en la calle..., n°... de la ciudad de... Podrá abrir agencias, depósitos y sucursales en cualquier lugar del país.

Art. 2.– El plazo de duración de la sociedad será de... años, a partir de la fecha de este instrumento. Ésta podrá ser renovada por acuerdo de los socios. También los socios pueden disolverla anticipadamente. Cualquiera de los socios puede renunciar a la sociedad, debiendo comunicar tal decisión con una anticipación mínima de... días. Si la renuncia fuese de un socio capitalista, la sociedad preparará un balance general a los efectos de determinar, a la fecha de la renuncia, las utilidades correspondientes; el importe de éstas y el aporte de capital respectivo se pagará al renunciante en... cuotas mensuales (bimestrales, trimestrales, etc.) a partir de los... días de la fecha de renuncia. Si el renunciante fuese socio industrial, las utilidades que le correspondan surgirán igualmente de un balance general, pagándose el importe en las mismas condiciones que las fijadas para los socios capitalistas.

Art. 3.– El capital social se fija en la suma de $... (... pesos), que los socios capitalistas aportan en este acto y en la proporción siguiente: el señor... la suma de pesos... ($...); el señor..., la suma de pesos... ($...) y el señor...

Art. 4.– La sociedad se dedicará por cuenta propia o de terceros o asociados a terceros, ya sea en el país o en el extranjero, o por medio de sucursales, a las siguientes actividades: compra, venta, comercialización, distribución, financiación, representación, comisión, consignación, licencias, locación, fabricación, desarrollo, asesoramiento, instalación, reparación, mantenimiento y toda otra operación afín con equipos eléctricos y electrónicos, en especial computadoras y procesadores en general, sus partes, accesorios e insumos para computación, así como todo tipo de *software* con desarrollo propio o de terceros, servicios de procesamiento de datos, participación en licitaciones públicas y privadas, realización de importaciones y exportaciones de todo tipo de productos afines. Para el cumplimiento de sus fines, la sociedad tiene plena capacidad jurídica para adquirir derechos y contraer obligaciones que se relacionen con el objeto social.

Art. 5.– Actuarán como administradores de la sociedad los señores... y..., quienes en conjunto (o indistintamente) tendrán el uso de la firma social. Así, podrán celebrar todo acto lícito y contrato con instituciones bancarias, oficiales y privadas, y organismos estatales; así como también comprar, locar, gravar y vender bienes inmuebles. Les está prohibido el uso de la firma para operaciones extrañas al objeto social o para avalar o garantizar operaciones en favor de terceros extraños al giro comercial. Los administradores pueden ser removidos, cuando mediare justa causa, por el voto de la mayoría del capital.

Art. 6.– Los socios no podrán hacer ningún acto o contrato que importe competir con el fin comercial de la sociedad. En caso de duda, deberán contar con el consentimiento expreso y unánime de los demás socios.

Art. 7.– Toda modificación del contrato social deberá aprobarse por unanimidad de votos. La parte de capital de cada socio es intransferible a terceros extraños a la sociedad, salvo que se apruebe por unanimidad de los socios restantes, quienes tendrán prioridad de compra y el valor que se fije según el resultado del balance que se prepare a tal efecto.

Art. 8.– En caso de fallecimiento de un socio capitalista, los herederos, previa unificación de la personería si fuese necesario, continuarán en la sociedad con los mismos derechos y obligaciones del fallecido. En el supuesto que los herederos no aceptasen continuar en la sociedad, los socios restantes adquirirán la cuota de capital correspondiente; obligándose al pago de ésta más la utilidad del balance que se prepare a la fecha del fallecimiento en... cuotas mensuales (u otro período), iguales y sucesivas a partir de la fecha del balance indicado (con o sin interés); o bien depositarlas en el juzgado donde se tramite la sucesión. En caso de fallecimiento de un socio industrial, la sociedad procederá a preparar el balance a la fecha del deceso, pagando a los herederos las utilidades correspondientes en... mensualidades (u otro período; o al contado; con o sin interés) o bien depositarlas a nombre del juez de la sucesión.

Art. 9.– Los socios capitalistas (puede aclararse: los que cumplen tareas en la sociedad) harán retiros mensuales de dinero en proporción al capital aportado, en concepto de "a cuenta de las ganancias del ejercicio en curso" (o bien que se impute a gastos generales como pago de gastos de representación). El socio industrial hará retiros mensuales a cuenta de su participación en los beneficios de la sociedad (o bien puede fijarse un porcentaje sobre la facturación mensual o en proporción a los elementos fabricados).

Art. 10.– El ejercicio comercial terminará el día... del mes de... de cada año. A esta fecha, los administradores prepararán el balance general e inventario, así como los demás elementos necesarios para la verificación y control de la actividad societaria, que serán puestos a consideración de los socios dentro de los... días; una vez aprobados por unanimidad de todos los socios, éstos lo firmarán en prueba de conformidad. Las ganancias resultantes, previa deducción de las reservas, previsiones, provisiones y amortización, se repartirán de la forma siguiente: el... % (... por ciento) a los socios capitalistas, en proporción al capital aportado; el resto, o sea, el... % (... por ciento) a los socios industriales en la misma proporción (o pueden fijarse distintos porcentajes del importe correspondiente).

Art. 11.– Si se dispusiera la disolución de la sociedad, con el consentimiento unánime de todos los socios, por cualquier causa y en cualquier momento, los administradores practicarán el balance general y liquidación final de la sociedad; previo pago de las deudas sociales, el saldo se distribuirá entre los socios en la misma proporción que fija este contrato para la distribución de las utilidades.

En prueba de conformidad, los socios firman el presente contrato en lugar y fecha indicados al inicio, hecho en... ejemplares de un mismo tenor y a un solo efecto y cada parte recibe el suyo en este acto.

B) En..., a los... días del mes de... de..., entre el señor... (nombre y apellido, nacionalidad, edad, estado civil, profesión, domicilio, documento de identidad nº); el señor... (ídem) y el señor...(ídem), se conviene en celebrar el presente contrato de constitución de una Sociedad de Capital e Industria, sujeto a las siguiente cláusulas:

Art. 1.– La sociedad girará bajo la razón social de... Sociedad de Capital e Industria, estableciendo su domicilio legal y su sede social en la calle..., nº... de...

Art. 2.– La sociedad tendrá como objeto:

Realizar por cuenta propia, de terceros y/o asociada a terceros, en el país o en el extranjero, la explotación de las siguientes actividades: a) comerciales e industriales: mediante la compraventa, representación y distribución, fabricación, elaboración, producción, transformación y fraccionamiento de productos de perfumería, cosmética, higiene, tocador, farmacéuticos, de veterinaria, artículos y aparatos médicos, sus materias primas, materiales de empaque; y, asimismo, la explotación de materias primas naturales necesarias para las composiciones utilizadas para todo lo relacionado con el objeto; b) importadora y exportadora: mediante la importación y la exportación de los bienes necesarios para el desarrollo del objeto social, ya sea en forma de materia prima y/o productos elaborados.

Art. 3.– El capital social se fija en la suma de... pesos ($...), el que es suscripto e integrado en este acto por los socios capitalistas en la siguiente forma: el señor... aporta dos maquinarias (describir)... cuyo valor, según la tasación efectuada por..., es de pesos... ($...). El aportante deja constancia de que los bienes indicados están libres de todo impuesto y/o tasa encontrándose en perfecto estado de utilización. El señor... suscribe e integra en dinero en efectivo la suma de pesos... ($...), lo que hace sumado el valor de tasación de las maquinarias aportadas por el otro socio capitalista el total del capital social. El señor... asume el carácter de socio industrial, comprometiéndose a aplicar sus conocimientos técnicos al logro del objeto social, dedicándose a efectuar los diseños, pruebas y demás tareas necesarias para la obtención de los productos que se requieren.

Art. 4.– La sociedad se constituye por el término de... años, contando desde la fecha del presente contrato, con vencimiento el...

Art. 5.– Queda expresamente prohibido, sin el consentimiento de los socios restantes, vender, transferir o ceder su capital a terceros.

Art. 6.– La representación y la administración de la sociedad quedarán a cargo del socio capitalista, señor..., quien tendrá el uso de la firma social, pudiendo celebrar todo tipo de contratos de compraventas, permutas, explotación de patentes y marcas, etcétera, abrir y cerrar cuentas corrientes bancarias, tomar o conceder créditos, constituirse en acreedor prendario, comprar, vender, hipotecar bienes inmuebles, otorgar poderes especiales o generales, etcétera (la enumeración expuesta precedentemente no es taxativa).

Art. 7.– El... de... de cada año será la fecha del cierre del ejercicio comercial, debiéndose confeccionar los estados contables pertinentes de acuerdo con lo establecido por las autoridades competentes.

Art. 8.– Las utilidades emergentes del estado de resultados, confeccionado de acuerdo con las normas legales vigentes, se distribuirán de la siguiente manera: el... % se destinará al socio industrial señor...; el...% restante se repartirá entre los socios capitalistas en proporción a sus respectivos aportes. En caso de existir pérdidas, serán soportadas por los socios capitalistas en proporción a sus aportes.

Art. 9.– El socio industrial tendrá voto en la misma proporción que cualquiera de los socios capitalistas.

Art. 10.– La sociedad se disolverá por el fallecimiento del socio industrial o por algunas de las causales establecidas en la Ley de Sociedades Comerciales y modificatorias.

Art. 11.– La liquidación de la sociedad se efectuará de acuerdo con lo establecido en la Ley de Sociedades Comerciales y sus modificatorias y estará a cargo del socio administrador.

En prueba de conformidad, se firman tres ejemplares de un mismo tenor y a un solo efecto, en el lugar y fecha indicados *ut supra*.

SOCIEDAD EN
COMANDITA SIMPLE

A) En la ciudad de... a los... días del mes de... de dos mil..., entre los señores... y... (nombre y apellido, nacionalidad, edad, estado civil, tipo y n° de documento, profesión y domicilio) se conviene, de común acuerdo, en celebrar el presente contrato de "Sociedad en Comandita Simple" (SCS) que se regirá por las siguientes cláusulas y por las normas de la Ley de Sociedades Comerciales:

1. La sociedad se denominará... Sociedad en Comandita Simple (SCS) con domicilio legal en la calle..., n°... de...; siendo los señores... y..., socios comanditarios y el señor..., socio comanditado. Este domicilio podrá trasladarse y también podrán instalarse agencias, sucursales, depósitos, etcétera, tanto en el país como en el extranjero. El plazo de duración de la sociedad se fija en... años, a partir de la fecha de inscripción en el Registro Público de Comercio.

2. El objeto social será la explotación de todo lo relacionado con el ramo de la..., pudiendo asociarse con terceros para tomar representaciones, comisiones y distribución – tanto al por mayor como al por menor– de los productos. La sociedad tendrá plena capacidad jurídica para lograr su objeto comercial.

3. El capital social será de $... (pesos...) dividido en $... (pesos...) que corresponden a los socios comanditarios de acuerdo con lo siguiente: $... (pesos...) y al socio comanditado $... (pesos...) que se integra en su totalidad en dinero efectivo y en este acto.

4. El señor..., socio comanditado, tendrá a su cargo la administración, la representación y el uso de la firma social. En el ejercicio de estas facultades podrá celebrar contratos y concluir todos los actos lícitos para el logro del objeto societario; por ello puede locar, comprar, ceder, hipotecar o permutar toda clase de inmuebles, abrir cuentas corrientes bancarias y efectuar toda clase de operaciones con instituciones bancarias públicas o privadas; esta enunciación no es limitativa. Le está prohibido el uso de la firma en garantías o avales en operaciones ajenas al interés societario.

5. La remuneración mensual del administrador será de $... (pesos...), independientemente de su participación en las ganancias que surjan de los balances respectivos.

6. La cesión de capital a terceros ajenos a la sociedad requiere la conformidad de la totalidad de los socios. En el supuesto de incapacidad o muerte de un socio, los herederos continuarán con la sociedad; en el caso del comanditado, los herederos pueden optar por transformar sus aportes en capitales comanditarios.

7. La designación y la remoción, cuando mediare justa causa, del administrador o socio comanditado, así como la aprobación de los balances y demás estados contables fi-

nancieros, requieren la aprobación por el voto favorable de la mayoría del capital.

8. El ejercicio anual concluirá el día... del mes de... de cada año; en esa fecha, el administrador preparará el balance general de la sociedad y el respectivo inventario, que deberá someterse a la aprobación de los demás socios dentro de un plazo máximo de .... días. La ganancia resultante se distribuirá entre los socios conforme a los siguientes porcentajes: al señor..., el... por ciento (... %) y a los demás socios, la diferencia consiguiente en partes iguales (o en proporción al capital aportado).

9. En caso de disolución de la sociedad, los socios por mayoría de capital designarán al liquidador. Previo pago de las obligaciones sociales, el haber restante se dividirá entre los socios en proporción al capital aportado (o en los porcentajes siguientes:...).

En prueba de conformidad, los socios firman el presente contrato en el lugar y la fecha indicados en el mismo, hecho en .... ejemplares de un mismo tenor y a un solo efecto y cada parte recibe el suyo en este acto.

B) En la ciudad de ..., a los... días del mes de... de dos mil..., entre el señor... (nombre y apellido, nacionalidad, edad, estado civil, documento de identidad, profesión y domicilio) y el señor... (nombre y apellido, nacionalidad, edad, estado civil, documento de identidad, profesión y domicilio), se conviene, de común acuerdo, en celebrar el presente contrato de constitución de una "Sociedad en Comandita Simple" de acuerdo con las siguientes cláusulas:

1. La sociedad se denominará... (nombre del socio comanditado) Sociedad en Comandita Simple con domicilio legal y sede social en...

2. La sociedad tendrá por objeto realizar por cuenta propia y/o de terceros y/o asociada a terceros: a) compra, venta, fabricación, importación y exportación de todo tipo de productos, materiales, mercaderías e insumos para su explotación publicitaria y cualquier tipo de publicidad o propaganda pública y privada por los métodos usuales para tal fin; b) explotación de empresas de propaganda y publicidad en el ámbito radial, gráfico, mural, televisivo, cinematográfico o impreso en todos sus aspectos y modalidades y la compra, venta y/o arrendamiento de espacios publicitarios en cualquier medio; c) producción, creación y promoción de campañas publicitarias destinadas al conocimiento masivo de productos de diversa índole, entidades o empresas comerciales o industriales. A tal fin, la sociedad podrá utilizar todos los medios de difusión existentes o a crearse en el futuro; d) realizar todo tipo de actividades que se relacionen con su objeto social.

3. El capital social se fija en la suma de pesos... ($...) de los cuales pesos... ($...) corresponden al capital comanditado y pesos... ($...) al capital comanditario. El señor..., en su carácter de socio comanditario, entrega su cuota social con el aporte del inmueble sito en..., n°..., localidad..., inscripto en el Registro de la Propiedad bajo el n°..., libre de todo tipo de impuestos y/o gravámenes y el aporte pertinente se efectúa en la suma de pesos... ($...), coincidente con su valor fiscal. En el referido inmueble funcionará la sociedad. El señor..., en su carácter de socio comanditado, aporta e integra en efectivo su cuota social por pesos... ($...).

4. El plazo de duración de la sociedad se fija en... años, a partir de la fecha del presente contrato.

5. La disolución de la sociedad se producirá automáticamente ante un caso de quiebra, concurso, muerte, incapacidad o inhabilitación del socio comanditado.

Se deja expresa constancia de que ningún socio podrá ceder, permutar, transferir o vender su cuota o parte del capital sin el consentimiento del otro socio.

6. La administración de la sociedad estará a cargo del señor..., en su carácter de socio comanditado, quien mediante el uso de la firma social obliga a la misma con su firma y el sello de la sociedad por todos los actos societarios, excepto que fuesen ajenos al objeto de la sociedad. Podrá celebrar todo acto lícito y contratos con instituciones bancarias, oficiales y privadas, y con organismos estatales, así como comprar, locar, gravar y vender bienes inmuebles. Está prohibido el uso de la firma para ceder o garantizar operaciones en favor de terceros extraños al giro comercial.

7. El administrador, a solicitud del socio comanditario, deberá poner a su disposición toda la documentación, libros y/o comprobantes con el objeto de verificar, inspeccionar o constatar el cumplimiento del objeto.

8. En caso de liquidación de la sociedad por alguna de las causales establecidas en la Ley de Sociedades Comerciales o en el presente contrato, el socio comanditario deberá designar a una o más personas para efectuar la liquidación de la sociedad, cuyo nombramiento se inscribirá en el Registro Público de Comercio.

9. El ejercicio comercial terminará el día... de... de cada año. A dicha fecha, el administrador preparará el balance general e inventario, así como los demás elementos necesarios para la verificación y el control de la actividad societaria, que serán puestos a consideración del socio restante dentro de los... días.

10. La ganancia neta resultante, previa deducción de las reservas, previsiones y amortizaciones, se repartirá entre los socios en proporción al capital aportado. Si resultaren

pérdidas, éstas serán soportadas por los socios en la proporción correspondiente.

En prueba de conformidad, los socios firman el presente contrato, en lugar y fecha indicados en el mismo, hecho en .... ejemplares de un mismo tenor y a un solo efecto y cada parte recibe el suyo en este acto.

C) En la ciudad de..., a los... días del mes de... del año..., los señores... (nombre y apellido, nacionalidad, edad, estado civil, documento de identidad (especificar) n°..., de profesión... y... (ídem), resuelven, de común acuerdo:

1. Constituir una sociedad denominada... "Sociedad en Comandita Simple", con domicilio en la ciudad de..., calle..., n°..., en la que invisten el señor... el carácter de socio comanditado y el señor... el de comanditario.

2. El capital social se fija en pesos... ($...) dividido en pesos... ($...) que corresponden al capital comanditario y pesos... ($...) al capital comanditado, que se integran totalmente en este acto en dinero efectivo.

3. El plazo de duración es de... años a contar desde la fecha del presente contrato.

4. La sociedad tiene por objeto dedicarse al ramo... con la mayor amplitud, a cuyos fines tendrá plena capacidad para realizar toda clase de actos, contratos y operaciones para el cumplimiento de dicho objeto.

5. La administración y la representación de la sociedad estarán a cargo del socio comanditado, quien tendrá el uso de la firma social, ejerciéndola con las más amplias facultades y poderes, incluso para aquellos actos y contratos para los que se requiera poder especial. En consecuencia, tendrá las siguientes atribuciones, sin que esta enumeración

tenga carácter limitativo: comprar, vender, hipotecar, ceder, permutar y tomar en locación toda clase de bienes muebles e inmuebles, solicitar créditos, abrir cuentas corrientes y efectuar toda clase de operaciones con los bancos oficiales y privados; otorgar poderes generales y especiales, demandar o contestar demandas y, en general, realizar todos los actos y contratos que se relacionen directa o indirectamente con el objeto social, no pudiendo realizar actos de disposición y constitución de derechos reales sobre inmuebles de propiedad de la sociedad sin el consentimiento del capital comanditario ni emplear la firma social en operaciones ajenas a la sociedad ni en garantías o avales en favor de terceros.

6. El administrador tendrá una remuneración mensual de $... (pesos...), sin perjuicio de la participación que le corresponda en las ganancias con arreglo a lo establecido en la cláusula n° 8 del presente contrato.

7. Ningún socio podrá ceder su parte de capital a terceros extraños a la sociedad sin la conformidad del otro socio. En caso de fallecimiento de cualesquiera de los socios, la sociedad continuará con sus herederos.

8. Anualmente, cada... de..., el socio administrador confeccionará el inventario y balance social, que será sometido a la aprobación del socio comanditario. Previa deducción de lo que se destine a reservas, amortizaciones y previsiones, las ganancias resultantes serán distribuidas en la siguiente forma: al socio comanditado el... %, y el saldo, al socio comanditario.

9. Disuelta la sociedad, será liquidada por un liquidador designado al efecto por mayoría de capital. Cancelado el pasivo, la ganancia que resultare, una vez reintegrado el capital aportado por los socios, será distribuida en la misma proporción establecida en la cláusula n° 8.

10. En prueba de conformidad, los socios firman el presente contrato, en lugar y fecha indicados en el mismo, hecho en... ejemplares de un mismo tenor y a un solo efecto y cada parte recibe el suyo en este acto.

SOCIEDAD EN COMANDITA
POR ACCIONES

A) En la ciudad de..., a los... días del mes de... de dos mil..., entre los señores... (nombre y apellido, edad, estado civil, documento de identidad tipo y n°, profesión y domicilio) y... (ídem), se celebra el presente contrato de "Sociedad en Comandita por Acciones", sujeto a las siguientes cláusulas:

1. La sociedad se denominará... Sociedad en Comandita por Acciones (o SCA), fijando su domicilio legal y real en la calle..., n°..., piso..., depto..., de la ciudad de... Podrá establecer, tanto en el país como en el exterior, sucursales, agencias y representaciones.

2. El plazo de duración de la sociedad se fija en... años, a partir de la inscripción en el Registro Público de Comercio.

3. Tiene por objeto realizar, por cuenta propia o de terceros, o asociada con terceros, dentro y fuera del país, las siguientes actividades: reserva, compra y venta de pasajes terrestres, marítimos y aéreos, nacionales e internacionales, organización, promoción, contratación y realización de viajes y de todo tipo de servicios turísticos, personales o grupales, mediante la organización de *tours* tanto dentro como fuera del país, y hacia y desde el extranjero; organización de ferias, congresos y eventos similares; traslados, visitas guiadas y excursiones propias o de terceros; reservas en hoteles, hospedajes y alojamientos dentro o fuera del país;

reserva y venta de entradas a espectáculos en general; representaciones, comisiones, consignaciones y mandatos de hoteles, compañías de transporte, restaurantes y todo otro ente u organización relacionada en forma directa o indirecta con el turismo y sus actividades conexas, en el país y en el exterior; y toda otra actividad relacionada con el objeto principal.

4. El capital social se fija en $... (pesos...), correspondiendo al capital comanditario... acciones ordinarias de..., $... (pesos...), cada una con el derecho a un voto por acción y al capital comanditado la suma de pesos... ($...), al solo efecto de obtener el quórum; al voto en las asambleas se lo divide en... cuotas-acciones, con el derecho a un voto por cada una. Si la asamblea resolviera aumentar el capital social, podrá hacerlo hasta el límite fijado por la norma legal correspondiente; los socios podrán ejercer el derecho de preferencia para suscribirlo en proporción al capital que ya posean; este derecho lo podrán hacer valer dentro de los treinta días subsiguientes a la publicación que, por tres días, deberá hacerse en el *Boletín Oficial* (o diarios oficiales locales), aplicándose lo dispuesto en la Ley de Sociedades Comerciales.

5. La administración y la representación legal serán ejercidas por el comanditado (puede ser por dos o más socios comanditados –con uso de firma, según convenga– o bien por un directorio que elija un comité ejecutivo, que tenga a su cargo los negocios ordinarios, o mediante la designación de gerentes, que pueden ser socios o terceros), quien tendrá el uso de la firma social, con poderes y facultades en todo lo referido a la administración y a las disposiciones que sean necesarias para alcanzar el objetivo societario. Sus atribuciones comprenden todo lo referido a comprar, vender, locar e hipotecar bienes inmuebles, bienes muebles o

semovientes; dar o tomar dinero en préstamo; realizar toda clase de operaciones con los bancos... y..., y, en general, cualquier otro banco público o privado; designar al personal y fijar el sueldo y operar con todos los títulos de crédito (esta enumeración es sólo enunciativa, pues está autorizado a funcionar sin ningún tipo de limitación). Representará a la sociedad en juicios y podrá otorgar poderes y revocarlos. Asimismo, a los efectos de lograr el objeto social fijado, podrá abrir agencias o sucursales en todo el país, así como también en el extranjero. Deberá presentar a la asamblea el balance anual, la memoria, los estados contables y proponer la distribución de utilidades. Le compete convocar a los socios a las asambleas, sean ordinarias o extraordinarias, fijando el orden del día a tratar.

Tendrá una remuneración mensual. Durará... años en sus funciones, pudiendo ser reelegido por la asamblea general de socios. Puede ser removido cuando medie justa causa y así lo soliciten los socios que representen, como mínimo, el 5 % del capital suscripto.

6. La fiscalización de la sociedad estará a cargo de un síndico titular que designará la asamblea general ordinaria juntamente con el síndico suplente. El plazo de duración del mandato es por tres ejercicios y puede ser reelegido. El síndico fijará su accionar a las normas específicas correspondientes. La remuneración será fijada anualmente por la asamblea general ordinaria.

7. Si se produjera la acefalía de la administración por muerte, incapacidad, renuncia con motivos fundados o bien por remoción del administrador, el síndico procederá a la designación de un administrador provisional hasta que la asamblea que se convoque al efecto decida sobre el particular. El capital del socio comanditado (si fuere el

administrador, lógicamente) se transformará en capital comanditario, poniéndoselo a disposición del socio removido o incapacitado o, en caso de fallecimiento, de sus herederos.

8. Los administradores o el síndico convocarán a los socios a las asambleas generales ordinarias y extraordinarias, según lo dispuesto en la Ley de Sociedades Comerciales, respectivamente. La citación se hará simultáneamente en primera y en segunda convocatoria, anunciándoselas en el *Boletín Oficial* con treinta días de anticipación durante cinco días. La segunda convocatoria se hará para el mismo día y una hora después de la fijada para la primera convocatoria. El quórum para las asambleas generales ordinarias, en primera convocatoria, se formará con la asistencia de los socios que representen más del 50 % del capital suscripto; en segunda convocatoria, el quórum se forma cualquiera sea la cantidad del capital representado. Las resoluciones, en ambos casos, deben tomarse por mayoría absoluta de los votos presentes. La asamblea general ordinaria, que debe considerar los asuntos incluidos, debe convocarse dentro de los cuatro meses posteriores al cierre del ejercicio económico. Los socios que representen como mínimo el 5 % del capital social podrán requerir la convocatoria a asamblea, ésta debe realizarse dentro de los treinta días de recibida la solicitud.

El quórum para las asambleas generales extraordinarias se determina en primera convocatoria, con la asistencia de los socios que representen como mínimo el 60 % del capital suscripto; en segunda convocatoria, las resoluciones deben tomarse por mayoría absoluta de los votos presentes. Cuando se trate de los supuestos especiales, deberán cumplirse tales recaudos, especialmente en la cesión de la parte social del socio comanditado, según lo dispuesto expresamente por la Ley de Sociedades Comerciales.

9. La presidencia de las asambleas estará a cargo del administrador; ante la imposibilidad o impedimento de éste, será presidida por la persona que la asamblea designe.

10. Fíjase como fecha de cierre del ejercicio económico el... de... de cada año, confeccionándose a dicha fecha los estados contables correspondientes de acuerdo con las normas contables vigentes.

Las ganancias líquidas y realizadas serán distribuidas de la manera siguiente: 1) el 5 % (cinco por ciento) para el fondo de reserva legal hasta alcanzar el 25 % (veinticinco por ciento) del capital social suscripto; 2) el 25 % (veinticinco por ciento) para retribuir la función del administrador; 3) fijar la retribución para el síndico; y 4) el saldo quedará a disposición de los socios, quienes fijarán las sumas a distribuir en proporción al capital integrado.

11. En caso de disolución de la sociedad, el administrador, bajo la fiscalización del síndico, hará la liquidación correspondiente. Cancelado el pasivo social y abonadas las retribuciones al liquidador y síndico, cuyos montos fijará la asamblea, así como los gastos que origine la liquidación, el remanente se distribuirá a cada socio en proporción al capital integrado.

12. Se autoriza al socio comanditado, señor..., a gestionar y realizar todos los trámites administrativos y legales ante el organismo de control, facultándolo, además, para efectuar o aceptar las modificaciones pertinentes.

En... ejemplares, de un mismo tenor y a un solo efecto, en lugar y fecha indicados más arriba, firman de conformidad y en prueba de ratificación de lo expuesto todos los socios, recibiendo cada uno el ejemplar correspondiente.

B) En la ciudad de..., a los... días del mes de.... del año..., reunidos los señores... (nombre y apellido, edad, estado civil, documento de identidad –especificar–, profesión y domicilio) y... (ídem), en su carácter de socios comanditados de... "Sociedad en Comandita por Acciones", y los señores... (nombre y apellido, edad, estado civil, documento de identidad –especificar–, profesión y domicilio) y... (ídem) en su calidad de socios comanditarios de la misma, resuelven adecuar el contrato social al régimen de la Ley de Sociedades Comerciales. En consecuencia, el contrato social queda redactado en los siguientes términos:

1. La sociedad se denomina... "Sociedad en Comandita por Acciones". Tiene su domicilio legal en jurisdicción de...

2. Su duración será de... años, contados desde el día... del mes de... del año..., fecha de su inscripción en el Registro Público de Comercio.

3. Tendrá por objeto:... Para su cumplimiento, la sociedad gozará de plena capacidad jurídica, pudiendo ejecutar los actos, contratos u operaciones relacionados con el objeto antedicho.

4. El capital social es de pesos... ($...), del que corresponden pesos... ($...) al capital comanditario, dividido en... acciones ordinarias (al portador o nominativas, endosables o no) con derecho a un voto por acción, cuyo valor nominal es de pesos... ($...) cada una, y pesos... ($...) al capital comanditado.

5. El capital social podrá ser aumentado hasta la suma de pesos... ($...) conforme al procedimiento previsto en la Ley de Sociedades Comerciales. Los accionistas gozan del derecho de preferencia para suscribir toda emisión de acciones en proporción a sus respectivas tenencias, dentro de los treinta días subsiguientes al de la última publicación que por tres días deberá efectuarse en el *Boletín Oficial*.

6. La administración y la representación legal de la sociedad serán ejercidas por los socios comanditados, quienes

actúan con las más amplias facultades para administrar y disponer de los bienes sociales, incluso aquellas para las cuales la ley requiere poderes especiales, conforme al Código Civil y otras normas pertinentes. Pueden, en consecuencia, celebrar en nombre de la sociedad toda clase de actos jurídicos que tiendan al cumplimiento del objeto social, entre ellos, operar con los... y demás instituciones de crédito, tanto oficiales como privadas; establecer agencias, sucursales y/o representaciones dentro o fuera del país; otorgar a una o más personas poderes judiciales —inclusive para querellar criminalmente— o extrajudiciales con el objeto y la extensión que estime conveniente.

7. La fiscalización de la sociedad estará a cargo de un síndico titular, elegido por la asamblea ordinaria, que simultáneamente elegirá un suplente para cubrir la eventual vacancia del cargo. El síndico durará... años en sus funciones, pudiendo ser reelecto. Tendrá los deberes y las atribuciones determinados en la Ley de Sociedades Comerciales.

8. Las asambleas ordinarias y extraordinarias serán convocadas para tratar los temarios previstos en la Ley de Sociedades Comerciales, citándoselas simultáneamente en primera y segunda convocatoria, mediante anuncios publicados en el *Boletín Oficial*, con no menos de diez días de anticipación ni más de treinta, celebrándose, en su caso, en segunda convocatoria, el mismo día una hora después de la fijada para la primera.

9. Las asambleas ordinarias tendrán quórum con la presencia de socios que representen más del 50 % del capital suscripto, si se tratare de primera convocatoria, y cualquiera fuere el capital presente en caso de celebrarse en segunda convocatoria. Las asambleas extraordinarias requerirán, para constituirse válidamente, la presencia del 60 % del

capital suscripto, en primera convocatoria, y con cualquier capital presente en caso de segunda convocatoria.

Las resoluciones serán adoptadas, en todos los casos, por la mayoría absoluta de los votos presentes, salvo en los supuestos especiales previstos en la Ley de Sociedades Comerciales, respecto de los cuales se estará a lo prescripto en dicha norma legal.

10. Al solo efecto del cómputo del quórum y del ejercicio del derecho de voto en las asambleas, tanto ordinario como extraordinario, el capital comanditado se considera dividido en cuotas de pesos... ($...) valor nominal cada una con derecho a un voto por cuota. Toda cesión de capital comanditado deberá ser aprobada por la asamblea extraordinaria, con los recaudos determinados en la Ley de Sociedades Comerciales.

11. Las asambleas serán presididas por el administrador o por alguno de los administradores si fueren varios o, en su defecto, por la persona que la misma asamblea designe. Para participar de ellas, los socios comanditarios deberán depositar sus acciones en la sede social con tres días hábiles de anticipación, como mínimo, a la fecha del acto. El depósito de las acciones podrá ser reemplazado por el de un certificado bancario o expedido por institución financiera debidamente autorizada, en el cual conste el depósito de las acciones a nombre del socio. La sociedad llevará un libro de actas de asambleas, las cuales deberán estar firmadas por la persona que ha presidido el acto y el o los socios designados por la misma asamblea a tal fin.

12. El ejercicio social cierra el... de cada año, a cuya fecha se confeccionarán los estados contables conforme a las disposiciones en vigencia y normas técnicas de la materia.

Las ganancias líquidas y realizadas se destinan: a) 5 %, hasta alcanzar el 20 % del capital suscripto, al fondo de reserva legal; b) a remuneración de administradores y síndico, en su caso; c) el saldo, en todo o en parte, a dividendos, a prorrata del capital integrado por los socios.

13. En caso de disolución de la sociedad, ésta será liquidada por el (los) administrador (es), bajo la vigilancia del síndico, en su caso.

Cancelado el pasivo y reembolsado el capital integrado, el remanente se distribuirá entre los socios a prorrata del capital integrado por cada uno.

Los comparecientes autorizan a... para que conjunta, alternativa o indistintamente gestionen la inscripción de la presente en el Registro Público de Comercio. A tal efecto, los facultan para aceptar y proponer las modificaciones que el organismo administrativo de control y el Registro a su cargo formulen, así como también para desglosar y retirar constancias del expediente y realizar todos los trámites necesarios hasta la inscripción de esta acta en aquel Registro.

En... ejemplares de un mismo tenor y a un solo efecto, en lugar y fecha indicados más arriba, firman de conformidad y en prueba de ratificación de lo expuesto todos los socios, recibiendo cada uno el ejemplar correspondiente.

SOCIEDAD DE RESPONSABILIDAD LIMITADA

A) Contrato Social de Sociedad de Responsabilidad Limitada. En la ciudad de..., a los ... días del mes de... de..., reunidos los señores... y... (nombre y apellido, nacionalidad, edad, estado civil, documento de identidad, profesión y domicilio), resolvieron constituir una Sociedad de Responsabilidad Limitada que se regirá por las siguientes cláusulas particulares y lo dispuesto en la Ley de Sociedades Comerciales.

Art. 1.- Déjase constituida por los firmantes una sociedad comercial bajo la denominación de... SRL, con domicilio legal y administrativo en la calle..., n°... de... La sociedad podrá trasladar este domicilio y podrá instalar sucursales, agencias, fábricas y depósitos en el país o en el extranjero.

Art. 2.- La sociedad durará... años a partir del día... del mes de... del año..., fecha a la que se retrotraen los efectos de este contrato; pudiendo prorrogarse este plazo por iguales períodos, siempre que no se resolviera su disolución con voluntad unánime de sus socios.

Art. 3.- La sociedad tendrá como objeto comercial comprar, vender, distribuir, exportar, importar, financiar, producir y realizar operaciones afines y complementarias –de cualquier clase– de productos..., sea por su propia cuenta o asociada a otra empresa o de terceros independientes, tanto en el territorio nacional como en el extranjero. Para ello, la sociedad tendrá plena capacidad jurídica para realizar todos los actos relacionados con su objeto social.

Art. 4.- El capital de la sociedad se fija en la suma de pesos... ($...), dividido en... cuotas, de pesos... ($...). El señor..., cuotas, por un total de pesos... ($...); el señor..., cuotas, totalizando pesos... ($...).

Cuando el giro comercial de la sociedad lo requiera, podrá aumentarse el capital indicado en el párrafo anterior, por el voto favorable de más de la mitad de capital, en asamblea de socios, que determinará el plazo y el monto de integración, conforme a la suscripción y en su misma proporción de las cuotas sociales que suscribió cada uno de los socios.

Art. 5.- Los socios no podrán ceder sus cuotas de capital a terceros ajenos a la sociedad, sin el voto favorable de las tres cuartas partes del capital (o cualquier otra fórmula, por ejemplo, unanimidad de socios u otra proporción del capital, dentro del régimen establecido en el art. 152 de la ley 19.550). En igualdad de precios y pagos, la sociedad o cualquier socio tendrá derecho de preferencia. El valor de las cuotas se establecerá por medio de un balance general a realizarse en la fecha de retiro y será pagado de esta forma... (contado, en cuotas, con o sin interés, etc.).

La transferencia de cuotas en caso de muerte de un socio se hará a los herederos que así lo acrediten o el administrador de la sucesión hasta que ésta concluya, debiendo unificar la personería, según art. 209 de la ley 19.550. En caso de no incorporarse los herederos, se fijará el valor de la cuota; en caso de no llegarse a un acuerdo, se tramitará en tasación judicial, conservando la empresa y los socios –en iguales condiciones– el derecho de preferencia.

Art. 6.- La administración, el uso de la firma social y la representación de la sociedad serán ejercidos por el señor... en su carácter de gerente (o los señores... y... como gerentes), designado por el plazo de duración de la sociedad (o bien puede determinarse por... años, pudiendo ser reelecto por el voto de la mayoría). El uso de la firma es conjunta (o indistinta) y tendrá todas las facultades para actuar ampliamente en todos los negocios sociales; puede realizar cualquier acto o contrato para la adquisición de bienes muebles o inmuebles, enajenación, cesión, locación, gravarlos con derechos reales, efectuar todas las operaciones bancarias con el Banco de la Nación Argentina, el Banco Central de la República Argentina o cualquier otra institución bancaria oficial o privada. (Prever los síndicos, titulares y suplentes, si así se dispone, con las obligaciones que imponen los arts. 294 a 296, ley 19.550).

Art. 7.- Los socios se reunirán en asamblea, por lo menos, cada tres meses (puede fijarse una vez por mes). Cualquier socio puede solicitar se convoque a asamblea cuando considere necesario realizar modificaciones estatutarias previstas en el art. 160 de la ley 19.550. (Conviene aclarar la forma de deliberación, las mayorías y los votos previstos para las sociedades según el capital societario). Todas las resoluciones se asentarán en un libro de actas, suscripto por los socios. La copia de estos acuerdos y resoluciones, firmada por los gerentes, hará plena fe ante los socios y los terceros.

Art. 8.- La sociedad llevará legalmente su contabilidad y preparará su balance general al ... de cada año, con los siguientes libros y documentación... De las utilidades líquidas y realizadas se destinará un 5 % para el fondo de reserva legal, hasta completar el 20 % del capital social.

Los socios participarán en partes iguales de los beneficios o soportarán las pérdidas en la misma proporción.

Art. 9.- Los socios podrán prorrogar el plazo de duración de la sociedad, conforme a las disposiciones de la ley 19.550. Si se resolviera la disolución anticipada, los gerentes o las personas que los socios designen procederán a la preparación del balance final de liquidación; efectuados los pagos de las deudas sociales y de los gastos de liquidación, el saldo se dividirá entre los socios en proporción al capital aportado.

La sociedad podrá excluir al socio cuando mediare justa causa, aplicando para ello las disposiciones estatuidas en los arts. 91 a 93 de la ley 19.550.

Art. 10.- Por el presente se otorga poder especial a los señores... y..., quienes conjunta o indistintamente quedan facultados para gestionar la constitución de la sociedad y su inscripción en el Registro Público de Comercio; quedan autorizados a aceptar cualquier modificación contractual, inclusive en la denominación societaria. Las dudas en la interpretación de este contrato se resolverán a través de la Ley de Sociedades Comerciales vigente y de las disposiciones del Código de Comercio y del Código Civil.

B) En la ciudad de..., a los... días del mes de... de..., entre los señores... y... (nombre y apellido, nacionalidad, edad, estado civil, documento de identidad, profesión y domicilio), resuelven constituir una Sociedad de Responsabilidad Limitada que se regirá por lo estatuido en la ley 19.550 y las cláusulas que siguen:

Art. 1.- La sociedad girará en plaza con el nombre... SRL; se establece como domicilio legal y administrativo el local que ocupa en la calle..., n°..., de..., pudiendo trasladarlo (pueden disponer los gerentes el traslado dentro de una misma jurisdicción; en caso contrario, se requiere acuerdo unánime de los socios), si así conviniera al mejor desarrollo de la actividad comercial. La sociedad puede establecer sucursales o agencias, depósitos y locales de venta en cualquier lugar del territorio nacional o extranjero.

Art. 2.- Esta sociedad se constituye por el plazo de ... años, a partir de la fecha de inscripción en el Registro Público de Comercio. Este plazo se prorrogará por disposición de los socios por iguales lapsos y también podrá disolverse si así lo convinieren los socios.

Art. 3.- El objeto social será la explotación de todo lo relacionado con el ramo de la ..., pudiendo asociarse con terceros a tomar representación, comisiones y distribución –tanto el por mayor como el por menor– de los productos. La sociedad tendrá plena capacidad jurídica para lograr su objeto comercial.

Art. 4.- El capital societario se establece en pesos... ($...) que se divide en ... cuotas de pesos ... ($ ...); totalmente suscriptas e integradas en la proporción que sigue: el señor ..., cuotas, por la suma de pesos... ($...); el señor ..., cuotas, sumando pesos... ($...); el señor ..., cuotas, por un monto de pesos... ($...)

Se conviene que el capital podrá incrementarse mediante cuotas suplementarias; la asamblea de socios –con el voto favorable de más de la mitad del capital– aprobará las condiciones de monto y plazos, guardando la misma proporción de cuotas ya integradas.

Art. 5.- A los efectos de la aplicación del art. 152, la cesión de cuotas sociales no podrá hacerse a terceros extraños, sin la aprobación por el voto favorable de los socios que representen las tres cuartas partes del capital (puede establecerse la unanimidad o por mayoría de los socios). El valor de las cuotas se determinará por medio de un balance general, a la fecha de..., y se pagará en... cuotas (mensuales, trimestrales, semestrales, anuales) iguales y sucesivas sin interés. En iguales condiciones –precio y forma de pago–, los socios o la sociedad tienen derecho de preferencia.

En caso de fallecimiento de uno de los socios, la sociedad optará por incorporar a los herederos, si así éstos lo solicitaran, o bien proceder a efectuar la cesión de cuotas, según el régimen establecido en el párrafo anterior; en el supuesto de incorporación, los herederos deberán unificar su personería. Si no se produce esta incorporación, la sociedad pagará a los herederos que así lo justifiquen, o al administrador de la sucesión, el importe correspondiente al valor de las cuotas determinado por el procedimiento señalado precedentemente.

Art. 6.- (Sociedades con capital. según art. 299, inc. 2, ley 19.550). Déjase establecido que la fiscalización de la actividad de la sociedad estará a cargo de un síndico titular, que ejercerá el cargo por tres años. La elección del síndico titular y del síndico suplente se harán en la asamblea ordinaria por mayoría de capital.

Los síndicos ajustarán su cometido a lo establecido en los arts. 294 a 296 de la Ley 19.550 de Sociedades Comerciales.

Art. 7.- Los gerentes o cualesquiera de los socios podrán solicitar que se convoque a asamblea cuando sea necesario efectuar las modificaciones al contrato social que estatuye el art. 160 de la ley 19.550. Cualquier otra modificación se tomará por resolución de los socios, con el voto favorable de la mayoría del capital (conviene determinar el sistema, conforme al capital, que prevé la Ley de Sociedades, art. 299, inc. a). Los acuerdos y las resoluciones se asentarán en un libro de actas, suscriptas por todos los socios.

Art. 8.- (Fórmula en la cual los sueldos de los gerentes se cargan a gastos generales). Al día ... del mes ... de cada año, la sociedad preparará su balance general y demás documentos legales que serán sometidos a la consideración de los socios dentro de los ciento veinte días de la fecha del balance. Las ganancias se distribuirán entre los socios en proporción al capital aportado, previa deducción de la reserva legal y de las reservas optativas que apruebe la asamblea de socios.

Art. 9.- Cumplido el plazo de duración de la sociedad, los socios podrán proseguirla, según las disposiciones de la ley 19.550. Si por cualquier causal se produjera la disolución de la sociedad, los gerentes procederán a efectuar la correspondiente liquidación (en las sociedades incluidas en el art. 299, inc. 2, ley 19.550, rige lo estatuido para las anónimas en cuanto a la participación en liquidación del síndico o del consejo de vigilancia, art. 158, ley 19.550), pagando las deudas sociales y las retribuciones al síndico o liquidador, así como también los gastos que demande la liquidación; el saldo se distribuirá a los socios en proporción del capital integrado. La sociedad podrá excluir al socio cuando mediare justa causa, aplicando para ello lo dispuesto en los arts. 91 a 93 de la Ley de Sociedades.

Art. 10.- La sociedad confiere poder a los señores... y..., quienes conjunta o indistintamente gestionarán la constitución de la sociedad hasta la inscripción en el Registro Público de Comercio. Cualquier divergencia en la interpretación de este contrato será resuelta por las disposiciones de la Ley de Sociedades Comerciales y, según el caso, por las disposiciones del Código de Comercio o del Código Civil.

C) En la ciudad de..., a los... días del mes de ... del año ..., se reúnen los señores... y... (nombre y apellido, nacionalidad, edad, estado civil, documento de identidad, profesión y domicilio), conviniendo en constituir una Sociedad de Responsabilidad Limitada que se regirá por las disposiciones que siguen y, en todo lo no previsto, por la Ley de Sociedades Comerciales (19.550).

Art. 1.- La sociedad se denominará... SRL y tendrá su domicilio legal y administrativo en la calle..., n°..., de... pudiendo trasladarlo (siempre que sea dentro de la misma jurisdicción; caso contrario, requiere acuerdo de todos los socios) y establecer sucursales o agencias, locales de venta y depósitos en cualquier lugar del país o del exterior.

Art. 2.- El término de duración de la sociedad será... años, a partir de la fecha de inscripción en el Registro Público de Comercio. Este plazo podrá prorrogarse por... años más; esta resolución se tomará por mayoría de votos que represente como mínimo las tres cuartas partes del capital social (la inscripción correspondiente en el Registro debe tramitarse antes del vencimiento del plazo).

Art. 3.- El objeto de la sociedad será la fabricación, la industrialización y la comercialización de ..., por cuenta propia o de terceros, así como también la exportación y la importación de elementos complementarios. La sociedad tendrá plena capacidad jurídica para actuar y contratar según su objeto comercial.

Art. 4.- El capital es de pesos... ($...) dividido en... cuotas de pesos... ($...) cada una, suscripto en su totalidad por los socios en la proporción siguiente: el señor..., cuotas; el señor..., cuotas; el señor..., cuotas; se integra en bienes según balance que se firma separadamente y que forma parte integrante de este contrato. Estos bienes se valuaron a precio de costo y de adquisición, conforme a los comprobantes que tiene la sociedad y se incorporan a ella, de acuerdo con lo establecido en la Ley 19.550 de Sociedades Comerciales.

La sociedad podrá duplicar el capital indicado, mediante la asamblea de socios, que requerirá para su aprobación el voto favorable de más de la mitad del capital; la misma asamblea fijará el monto y los plazos para su integración.

Art. 5.- La cesión de cuotas no puede hacerse a extraños sin que medie el voto favorable de los socios que representen los tres cuartos de capital (o la unanimidad de los socios); se aplica lo dispuesto en el art. 152 de la ley 19.550 en cuanto al procedimiento, oposición, adquisición por la sociedad o cesión entre socios. A los efectos de fijar el valor de la cuota, se preparará un balance general, a la fecha del retiro, pagándose además... por ciento (... %) en concepto de valor llave (puede no fijarse esta condición). El importe que resulte se pagará en... cuotas, mensuales, iguales y sucesivas (opcional). En igualdad de condiciones, la sociedad o cualquier socio tendrá el derecho de preferencia.

En caso de fallecimiento de uno de los socios, los herederos podrán continuar en la sociedad debiendo, si fuese necesario, unificar su personería. En el supuesto que los herederos no se incorporaran a la sociedad, los socios o la sociedad podrán adquirir las cuotas por el valor que resulte de aplicar lo dispuesto para la cesión de cuotas. En caso de que los herederos no se incorporen, se fijará el monto del capital que se determine por un balance, la sociedad se reserva el derecho de preferencia.

Art. 6.- La gerencia de la sociedad será ejercida por los socios, que durarán en su cargo por el plazo de duración de la sociedad (o bien por ... años). Tendrán todas las facultades para poder actuar libre y ampliamente en todos los negocios sociales. A estos fines, los gerentes podrán comprar, gravar, vender y locar toda clase de bienes muebles o inmuebles; operar con todos los bancos oficiales y privados, realizar operaciones con entes autárquicos o empresas del Estado. No pueden comprometer a la sociedad en fianza o garantía a favor de terceros en operaciones ajenas al objeto societario.

Art. 7.- Los socios se reunirán en asambleas por iniciativa de los gerentes o de cualquiera de ellos que lo solicite por considerarlo conveniente; en especial, para los casos contemplados en el art. 160 de la ley 19.550. Las deliberaciones y las resoluciones se asentarán en un libro de actas. Los socios serán notificados de esta asamblea en el domicilio expresado en el instrumento de constitución. Todas las resoluciones serán aprobadas por el voto favorable de la mayoría de capital (aclarar todos los detalles, conforme al capital social, que se indican en los arts. 159 a 161, ley 19.550).

Art. 8.- La sociedad llevará legalmente su contabilidad y preparará anualmente su balance, al día ... del mes ... de cada año, con el respectivo inventario y memoria; los socios participarán, en partes iguales, de los beneficios o soportarán las pérdidas en la misma proporción. De las utilidades líquidas y realizadas se destinará un 5 % para el fondo de reserva legal, hasta completar un 20 % del capital social.

Art. 9.- Vencido el plazo contractual, la sociedad podrá prorrogarlo conforme a la legislación vigente. La asamblea de socios podrá excluir al socio cuando mediare justa causa, todo ello conforme a lo dispuesto en los arts. 91, 92 y 93 de la Ley de Sociedades. Si se produce la disolución societaria (ver el art. 94, Ley de Sociedades, que indica las causales de disolución), los socios por mayoría de votos (ver las distintas variantes previstas en el art. 299, inc. 2, ley 19.550) designarán a la persona que hará las veces de liquidador (puede ser incluso el gerente), debiendo tal nombramiento inscribirse en el Registro Público de Comercio. Una vez canceladas las deudas de la sociedad y pagada la retribución al liquidador, el saldo se destinará a reembolsar las cuotas partes de capital y el excedente en proporción a la participación en las ganancias que cada socio tenga asignada.

Art. 10.- Los señores... y... tienen poder amplio para realizar los trámites legales de constitución y de inscripción de la sociedad, pudiendo aceptar todas las modificaciones necesarias a este contrato, inclusive en la denominación social. Cualquier duda de interpretación de este instrumento se regirá por lo establecido en la ley 19.550 y en las normas del Código de Comercio o del Código Civil.

SOCIEDAD ANÓNIMA

Denominación. Domicilio. Plazo y Objeto.

Art. 1.- La sociedad se denomina... SA. Tiene su domicilio legal en jurisdicción de...

Art. 2.-Su duración es de noventa y nueve años, contados desde la fecha de inscripción en el Registro Público de Comercio.

Art. 3.-La sociedad tiene por objeto:...

A tal fin, la sociedad tiene plena capacidad jurídica para adquirir derechos, contraer obligaciones y ejercer los actos que no sean prohibidos por las leyes o por este estatuto.

Capital

Art. 4.- El Capital Social se fija en la suma de pesos... ($...) representado por... acciones de pesos... ($...) valor nominal cada una. El capital puede ser aumentado por decisión de la asamblea ordinaria hasta el quíntuplo de su monto, conforme al art. 188 de la ley 19.550; dicho aumento se elevará a escritura pública (en caso de sociedades autorizadas a hacer oferta pública por sus acciones, no existe límite).

Art. 5.- Las acciones pueden ser nominativas y escriturales, endosables o no, ordinarias o preferidas. Estas últimas tienen derecho a un dividendo de pago preferente de carácter acumulativo o no, conforme a las condiciones de emisión. Puede también fijárseles una participación adicional en las ganancias.

Art. 6.- Las acciones y los certificados provisionales que se emitan contendrán las menciones de los arts. 211 y 212 de la ley 19.550. Se pueden emitir títulos representativos de más de una acción.

Art. 7.- En caso de mora en la integración del capital, el directorio queda facultado para proceder de acuerdo con lo determinado por el art. 193 de la ley 19.550.

Administración y representación

Art. 8.-La administración de la sociedad estará a cargo de un directorio compuesto del número de miembros que fije la asamblea, entre un mínimo de... y un máximo de... con mandato por... años. La asamblea puede designar suplentes, en igual o menor número que los titulares y por el mismo plazo a fin de llenar las vacantes que se produjeran en el orden de su elección. Los directores, en su primera sesión, deben designar un presidente y, en caso de elegirse directorio colegiado, podrán elegir un vicepresidente; este último reemplazará al primero en caso de ausencia o impedimento. El directorio funciona con la presencia de la mayoría de sus miembros y resuelve por mayoría de votos presentes. La asamblea fija la remuneración del directorio.

Art. 9.-Los directores deben depositar como garantía en la caja social la suma de pesos... ($...).

Art. 10.- El directorio tiene todas las facultades para administrar y disponer de los bienes, incluso aquellas para las cuales la ley requiere poderes especiales conforme al art. 1881 del Código Civil y art. 9 del decr. ley 5965/63. Puede, en consecuencia, celebrar en nombre de la sociedad toda clase de actos jurídicos que tiendan al cumplimiento del objeto social; entre ellos, operar con toda clase de bancos, compañías financieras o entidades crediticias oficiales y privadas; dar y revocar poderes especiales y generales, judiciales, de administración u otros, con o sin facultad de sustituir, iniciar, proseguir, contestar o desistir denuncias o querellas penales y realizar todo otro hecho o acto jurídico que haga adquirir derechos o contraer obligaciones a la sociedad.

La representación legal de la sociedad corresponde al presidente del directorio o al vicepresidente en su caso.

Fiscalización

Art. 11.- La fiscalización de la sociedad está a cargo de un síndico titular designado anualmente por la asamblea, la que designará simultáneamente un suplente (cuando se trate de sociedades comprendidas en el art 299 de la ley 19.550, la sindicatura debe ser colegiada en número impar y el estatuto reglamentará la constitución y el funcionamiento de la Comisión Fiscalizadora).

Asambleas

Art. 12.- Toda asamblea debe ser citada simultáneamente en primera y segunda convocatoria (excepto para las sociedades que hacen oferta pública de sus acciones), en la forma establecida para la primera por el art. 237 de la ley 19.550 sin perjuicio de lo allí dispuesto para el caso de asamblea unánime. La asamblea en segunda convocatoria podrá celebrarse el mismo día una hora después de la fijada para la primera.

Art. 13.- Cada acción ordinaria suscripta confiere derecho de uno a cinco votos conforme se determine al suscribir el capital inicial y en oportunidad de resolver la asamblea su aumento. Las acciones preferidas pueden emitirse con o sin derecho a voto.

Art. 14.- Rigen el quórum y la mayoría determinados por los arts. 243 y 244 de la ley 19.550 según la clase de asamblea, convocatoria y materias de que se traten. La asamblea extraordinaria en segunda convocatoria se celebrará cualquiera sea el número de acciones presentes con derecho a voto.

Art. 15.- El ejercicio social cierra el... de cada año. A esa fecha se confeccionan los estados contables conforme a las disposiciones en vigencia y normas técnicas de la materia. La asamblea puede modificar la fecha de cierre del ejercicio inscribiendo la resolución pertinente en el Registro Público de Comercio y comunicándola a la autoridad de control.

Las ganancias realizadas y líquidas se destinan:

a) 5 % hasta alcanzar el 20 % del capital suscripto para el fondo de reserva legal;

b) a remuneración al directorio y síndico;

c) a dividendo de las acciones preferidas con prioridad a los acumulativos impagos;

d) el saldo en todo o en parte, a participación adicional de las acciones preferidas y a dividendo de las ordinarias a fondos de reserva facultativa o de previsión o a cuenta nueva o al destino que determine la asamblea. Los dividendos deben ser pagados en proporción a las integraciones dentro del año de su sanción.

Art. 16.- La liquidación de la sociedad puede ser efectuada por el directorio o por el (los) liquidador (es) designado (s) por la asamblea, bajo la vigilancia del (los) síndico (s).

Cancelado el pasivo y reembolsado el capital, el remanente se distribuirá entre los accionistas, con las preferencias indicadas en el artículo anterior.

Se emiten y suscriben las siguientes acciones: don... suscribe... acciones, ordinarias al portador, con derecho a un voto cada una, e integra el 25 % en efectivo; y don... suscribe... acciones, ordinarias al portador, con derecho a un voto cada una, e integra el 25 % en efectivo. Del capital de pesos... ($...), todas las acciones emitidas y suscriptas, integran en este acto la suma de pesos... ($...), el resto se integrará en el plazo de dos años, a contar de la fecha de inscripción de la sociedad.

Se designa para integrar el directorio (puede ser unipersonal, salvo el caso de sociedades comprendidas en el art. 299 de la ley 19.550): presidente: don...; vicepresidente: don...; director suplente: don... Los vocales... suplentes..., comparecientes resuelven fijar la Sede Social en la calle... de... Y Órgano Fiscalizador (cuando se trate de sociedades comprendidas en el art. 299 de la ley 19.550, téngase en cuenta lo dispuesto por los arts. 284 y 290 de la misma ley): síndico titular a...; síndico suplente a...

Autorizar al señor... con DNI... y/o al señor... con DNI... y/o al señor... con DNI... a fin de que actuando cualquiera de ellos en forma indistinta, se presenten ante la Inspección General de Justicia y cualquier otra repartición o institución, y ante el Banco de la Nación Argentina, y realicen todos los actos y gestiones necesarios para obtener la conformidad de la autoridad de contralor y la inscripción de la sociedad en el Registro Público de Comercio, con facultades de sustituir, aceptar o proponer modificaciones a la presente, inclusive otorgar escrituras rectificatorias, aclaratorias, cambios de denominación u objeto y hacer y retirar el depósito que establece el art. 187 de la ley 19.550. Los comparecientes agregan: 1) que de acuerdo con los arts. 165 y siguientes de la ley 19.550, declaran constituida "... SA", la que se regirá por estos estatutos, una vez inscriptos en el Registro Público de Comercio, solicitándome expida testimonio de ésta, a los efectos legales pertinentes; 2) que de acuerdo con el art. 183 de la ley 19.550, autorizan al directorio a efectuar todos los actos que tiendan al cumplimiento del objeto social durante el período inscripto. Leída que les es, la ratifican y firman ante mí, doy fe... Está mi sello.

Concuerda con su escritura matriz que paso ante mí al folio..., registro... a mi cargo; para la sociedad expido este primer testimonio en cinco sellos de actuación notarial números... Buenos Aires,... de... de...

SOCIEDAD ACCIDENTAL
O EN PARTICIPACIÓN

A) En la ciudad de..., a los... días del mes de... de..., se reúnen los señores ... y... (nombre y apellido, nacionalidad, estado civil, documento de identidad, profesión, domicilio), en adelante llamados "socios gestores", y el señor... (ídem anterior), en lo sucesivo denominado "socio no gestor", y convienen en celebrar el presente contrato de "Sociedad Accidental o en Participación" sujeto a las siguientes cláusulas:

Art. 1.- La sociedad, que girará sin razón social, fija su domicilio en la calle..., n°..., de la ciudad de..., y se constituye al solo efecto de... (especificar en forma precisa y clara), con domicilio en la calle... n°..., de la ciudad de..., conforme al convenio suscripto el día... de... de... que, firmado por las partes, forma parte integrante de este contrato.

Art. 2.- El capital social se fija en pesos... ($...), que los socios gestores aportan en este acto en dinero efectivo y en partes iguales, y el señor..., no gestor, la suma de pesos... ($...) en iguales condiciones.

Art. 3.- Ambos socios por separado (o bien conjunta o alternadamente) se harán cargo de todas las tratativas y las operaciones que se requieran para el logro del objeto, motivo de este contrato accidental. Ejercerá las funciones de administrador el señor..., quien mensualmente (u otro período) preparará un informe y un balance para considerar entre los socios.

Art. 4.- Concluidas las operaciones relativas al objeto de este contrato, percibidas las comisiones pactadas para la venta (o cualquier otra forma retributiva) y deducidos los gastos, se reintegrará el capital aportado y se distribuirán las utilidades en la siguiente proporción: el señor..., el... por ciento (... %); el señor..., el... por ciento (... %) etcétera. Las pérdidas, si las hubiere, serán soportadas en igual proporción, con la salvedad de que las del socio no gestor no pueden superar el valor de su aporte.

Art. 5.- Conforme a lo reglado en la cláusula 4 de este contrato, cumplido el objeto social, la sociedad se considera disuelta. Cualquier socio podrá pedir la disolución anticipada, aun cuando no se hubiere concluido con las operaciones en su totalidad; en este supuesto, el socio que la pidiera no tendrá derecho a los beneficios que produjeran las operaciones aún pendientes.

Art. 6.- En el supuesto del fallecimiento de algunos de los socios, mientras dure la vigencia de este contrato, sus herederos podrán incorporarse a la sociedad, unificando la personería si ello resultare necesario, con todos los derechos y las obligaciones del socio fallecido. Si los herederos optaren por no incorporarse, los demás socios procederán a preparar el balance y la rendición de cuentas, a la fecha del fallecimiento, siguiendo las normas estatuidas en la cláusula 4 de este contrato. El importe que resultare se pagará en... cuotas mensuales (u otro período), que serán depositadas en el juzgado donde se tramitare la sucesión.

En el supuesto de incapacidad de uno de los socios, se practicará el balance y la rendición, y se pagarán las utilidades y el aporte de capital en... cuotas mensuales [u otro período; o al contado; o bien, en caso de incapacidad, el socio no prestará sus servicios, continuando en calidad de socio hasta la liquidación de la sociedad).

Art. 7.- Cualquier divergencia entre los socios o dudas en la interpretación y en la aplicación de este contrato, será dirimida en arbitradores, amigables componedores, nombrados uno por cada parte; de subsistir la discordia entre éstos, se nombrará a un tercero, cuyo fallo será inapelable.

Art. 8.- Para todos los efectos legales, los socios constituyen sus domicilios reales y especiales en los indicados en el encabezamiento de este contrato, donde se tendrán por buenas y válidas todas las notificaciones judiciales o extrajudiciales.

En prueba de conformidad, los socios firman el presente contrato en lugar y fecha indicados al inicio, hecho en ... ejemplares, de un mismo tenor y a un solo efecto y cada parte recibe el suyo en este acto.

B) En la ciudad de..., a los... días del mes de... de..., entre los señores..., ... y..., mayores de edad, argentinos y hábiles para contratar, domiciliados en..., ... y..., respectivamente, convienen en asociarse entre sí para explotar con fines de lucro una determinada actividad. A tal efecto constituyen una sociedad accidental o en participación, que se regirá por las siguientes disposiciones:

Art. 1.- Girará sin domicilio ni razón social.

Art. 2.- Subsistirá al solo objeto de operar en el ramo editorial, específicamente de libros.

Art. 3.- Como gestor de la sociedad actuará el socio..., sin invocar la sociedad con su nombre personal, debiendo rendir cuenta de las operaciones en forma mensual.

Art. 4.- El capital social es de pesos... ($...) aportado en este acto por todos los socios a razón de pesos... ($...) cada uno.

Art. 5.- La sede de la actividad comercial será el domicilio del señor..., estando a cargo de la sociedad el pago del alquiler mensual de pesos... ($...).

Art. 6.- La sociedad podrá disolverse aun cuando algún negocio se halle pendiente, siempre que cualquiera de los socios invoque una causal determinante o le sobreviniese una incapacidad de hecho o de derecho. El socio que solicitare la disolución se verá privado de las utilidades que produzcan los negocios en trámite de finalización.

Art. 7.- Los estados contables serán mensuales y las utilidades o pérdidas serán soportadas en proporción a los capitales aportados.

Art. 8.- En caso de fallecimiento de cualquiera de los socios, sus herederos podrán optar entre continuar hasta la terminación de los negocios, percibiendo las utilidades que al socio fallecido le correspondieren, o bien por ceder a los demás socios el capital aportado por una cantidad que será convenida oportunamente.

Art. 9.- Toda divergencia o duda durante la vigencia del presente contrato o al tiempo de su disolución o liquidación será sometida al fallo de los árbitros, amigables componedores designados uno por cada parte y, en caso de no poder concordar en su opinión, nombrarán un tercero cuyo fallo será inapelable. Siendo de conformidad de los tres socios las nueve cláusulas precedentes, firman el presente contrato en prueba de ello en tres ejemplares de un mismo tenor y a un solo efecto en el lugar y la fecha señalados ut supra.

CAPÍTULO IV

CÓMO ENCARAMOS LA ADMINISTRACIÓN
Y LA ORGANIZACIÓN

Si decimos que la administración es universal, no exageramos en nada. Hoy en día, el objeto de la administración son las organizaciones. ¿Pero cuáles? Todas. Las que tienen fines de lucro y las que no los tienen; las públicas y las privadas; es decir, son entes constituidos por el hombre para satisfacer las necesidades sociales. Para nuestro análisis nos interesa la administración aplicada a una empresa.

1. Fijación de objetivos

Los objetivos constituyen el fundamento de la planificación; son el lugar adonde apuntan las decisiones y la actividad de la organización en un espacio y en un tiempo determinados.

2. Planificación

La planificación es un proceso de pautas anticipadas que enuncian y anuncian qué se va a hacer, cómo, cuándo y por quiénes. Es un proceso que debe tener continuidad, que se formula previamente a los sucesos o acontecimientos.

Es preciso y necesario que las pautas se ajusten a determinados requisitos o exigencias.

2.1. Organigrama de una pequeña empresa

Es la representanción gráfica simplificada de la estructura formal que ha adoptado una organización. Expresa la representación de la forma en que se encuentran vinculadas sus partes. En realidad, es una gráfica de la organización. A continuación, desarrollamos una gráfica aplicable a pequeñas empresas.

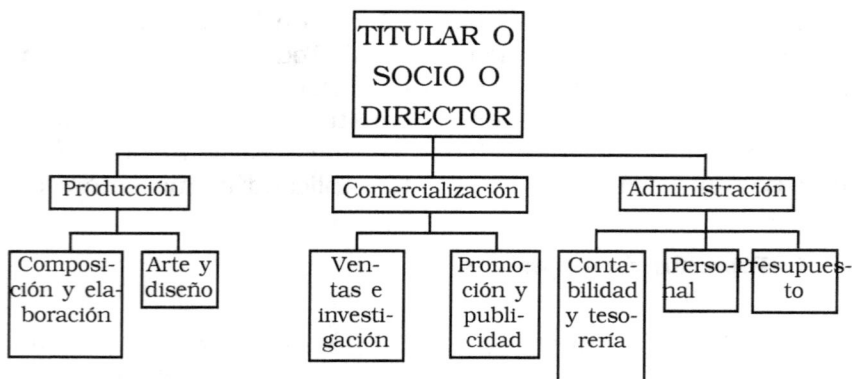

```
                    ┌─────────────┐
                    │  TITULAR O  │
                    │   SOCIO O   │
                    │  DIRECTOR   │
                    └─────────────┘
      ┌──────────────────┼──────────────────────┐
┌────────────┐    ┌──────────────────┐    ┌────────────────┐
│ Producción │    │ Comercialización │    │ Administración │
└────────────┘    └──────────────────┘    └────────────────┘
```

Composición y elaboración	Arte y diseño	Ventas e investigación	Promoción y publicidad	Contabilidad y tesorería	Personal	Presupuesto

Cada área está dirigida por un componente de la empresa. Por ejemplo, jefe de producción, jefe de comercialización, etcétera. Es muy frecuente que el funcionamiento de una organización, a pesar de tener un organigrama, tenga un carácter informal en el cual se trabaja en coparticipación y las tareas sean desarrolladas por muy poco personal. Aquí específicamente nos referimos a casos y aspectos que ocurren en los microemprendimientos, pequeñas empresas, etcétera, en las cuales no existen rangos ni personal específico; por ejemplo, en expedición, encargado, secretaria, chofer, cadete, etcétera, sino que una o dos personas desarrollan distintas tareas. Pero sí es necesario que quede bien claro de quién depende cada subordinado, ya que es nocivo que dependan de dos superiores simultáneamente.

2.2. Políticas de producción

Tienen por finalidad la elaboración de productos y el desarrollo de los métodos adecuados para tal fin, utilizando materias primas, mano de obra, tecnología, herramientas, materiales e instalaciones.

2.3. Políticas de comercialización

En el departamento de ventas e investigación, se fijan las condiciones de ventas de acuerdo con el plazo estipulado y con la forma de pago; por ejemplo, a treinta días con cheque diferido. Allí también se fija la política de descuento y precios; además, este departamento indagará sobre las necesidades e inquietudes del mercado potencial y las acciones y posicionamiento de la competencia.

El Departamento de promoción y publicidad se encarga de realizar presentaciones de los actos en los medios de comunicación y en las instituciones y en todo pertinentes; además, del análisis de las acciones publicitarias. El objetivo del análisis del mercado es determinar si el proyecto satisface necesidades que no están cubiertas o si pueden mejorarse productos o servicios ya existentes.

2.4. Políticas de administración

El área de tesorería se ocupa del movimiento total de los fondos; se entiende por tales efectivo, documentos, cheques, etcétera; es decir, en general, de las disponibilidades.

El área contable e impositiva se encarga de las registraciones, del balance, de la auditoría interna, etcétera y de las presentaciones ante los organismos fiscales y previsionales.

La administración de personal tiene como funciones elementales: el reclutamiento y la selección de personal, la liquidación de sueldos y jornales y las relaciones con todos los organismos de control. Es una función de servicio para toda la empresa, contribuye a una adecuada utilización del potencial humano de la misma.

El área de presupuesto tiene la función de establecer un óptimo uso de los recursos a disposición de la empresa y efectuar posteriormente un eficiente control a los efectos de medir el desarrollo y el cumplimiento de las metas.

La Administración de personal es la función de servicio para toda la empresa, contribuye a una adecuada utilización del potencial humano de la misma.

3. Organización

Construir una organización que le permita impulsar las estrategias directamente hacia abajo. En una organización, es necesario que cada eslabón o parte responda a las tareas que se le asignan implementando la estrategia a lo ancho de toda la empresa.

El fundamento de una organización es que se emplea a una persona para desarrollar y cumplir con la tarea asignada y por la cual deberá información y respuestas a su superior. Este principio básico debe quedar explicitado con la claridad necesaria para que cada persona responda inequívocamente a un solo superior. Es decir, el subordinado es responsable de las tareas que se le asignan y el gerente debe brindar los recursos necesarios para que aquél pueda cumplir con sus tareas.

4. Dirección

Proceso que se desarrolla en los distintos niveles de una organización mediante el cual se tiende a que los objetivos se logren a través de las personas que la conforman.

El nivel de dirección debe cumplir con una serie de tareas que resultan imprescindibles para alcanzar los objetivos:

a) Proyectar y pensar la empresa como un todo.

b) Planificar las tareas.

c) Vaticinar los resultados.

d) Facilitar una infraestructura adecuada, sólida en tiempo y en forma.

e) Seleccionar, capacitar, evaluar, motivar a la plantilla.

f) Coordinar, influir y controlar.

5. Control

Permite medir el progreso hacia los objetivos y asegurarse de que las acciones se desarrollen de acuerdo con los planes determinados. También se utiliza para aplicar las medidas correctivas pertinentes en caso de existir desvíos en relación con lo planeado.

CAPÍTULO V

LAS FINANZAS Y ALGO MÁS

Los microemprendimientos, las pequeñas y las medianas empresas, constituyen el basamento fundamental para el desarrollo económico e industrial de los países en vías de desarrollo. Su comportamiento provoca la capacidad de generar empleo en forma muy significativa en la mayor parte de los países. Generalmente, su dinámica es flexible y permite adaptarse rápidamente a los cambios tecnológicos y a los retrocesos y avances en la actividad económica a nivel micro y macroeconómico.

No obstante, estas pequeñas unidades económicas, generalmente, tropiezan con limitaciones de tipo financiero. Cuando es necesario financiar proyectos de inversión o amplicación de negocio, surgen los inconvenientes por insuficiencia de capital propio, difícil acceso a los mercados de capitales, altas tasas de interés, etcétera. Por ello es muy importante manejar ciertos aspectos de cálculo financiero básicos para poder comprender, analizar y decidir sobre el camino más conveniente.

1. Conceptos básicos

El cálculo financiero permite analizar e interpretar toda acción que determine una variación cuantitativa (aumento o disminución) de un capital por el simple transcurso del tiempo. A los efectos de una mejor comprensión de determinados términos, se expone el significado de cada uno de ellos:

Monto: sumatoria del capital y de los intereses a una fecha determinada (Cn).

Interés: retribución por la utilización de dinero prestado en un período determinado (I).

Capital: suma de dinero prestado.◆ Totalidad de los bienes destinados a la generación de nueva riqueza (Co).

Interés simple: cargo sobre un capital calculado directamente mediante la aplicación de una tasa de interés al importe del capital. El cálculo se realiza sobre el valor original o inicial de la inversión.

$$I = \frac{Co \times R \times T}{100 \times UT} = c \cdot i \cdot n$$

$$i = \frac{R}{100}; \; n = \frac{T}{UT}$$

C_o = capital original.

R = tanto por ciento.

T = tiempo.

UT = unidad de tiempo.

Ejemplo:

Capital= $ 100.

Tasa de interés: 12 % por año.

Plazo de colocación= 150 días.

$$I = \frac{100 \cdot 12 \cdot 150}{100 \cdot 365}$$

Importe del interés: $ 4,93.

Interés compuesto: el interés resultante de la suma periódica del interés simple al capital principal origina un nuevo capital sobre el cual efectuar el cálculo del interés del período inmediato siguiente. Para obtener el interés compuesto, se procede de la siguiente manera:

Interés compuesto en función del capital:

$$I_c = C_o \, [(1+i)^n - 1]$$

Ejemplo:

$$\$ \, 100 \, [(1 + i)^n - 1]$$

Donde:

$ 100: capital principal.

i= tasa de interés por cada período.

n= cantidad de períodos aplicados.

Así, por ejemplo, un capital de $ 100 colocado a cinco meses a una tasa mensual del 1 % resultará en un interés compuesto de: $ 5,10.

Descuento: promesa de descontar.◆ Deducción que se otorga en el precio de un bien o servicio, originada por un pago anticipado contado o por cualquier otra situación que establezca el vendedor de antemano.

Cálculo:

$$D = \frac{M \times R}{100}$$

M= monto sobre el que se efectúa el descuento.

R= tasa de descuento.

D= descuento.

Operación de compra o venta de documentos comerciales abonando o recibiendo, respectivamente, un valor según su valor actual, que está dado por descontar del valor nominal el interés comprendido en el período que media entre el momento de compra o venta y el del vencimiento. Diferencia entre el valor nominal de un documento comercial y su valor actual.

Descuento compuesto: diferencia entre el valor nominal de un documento o equivalente colocado a una determinada tasa, durante un período determinado y el valor efectivo del mismo en una fecha dada.

$DC = N-V$

DC = descuento compuesto.

N = valor nominal.

V = valor real, actual o efectivo.

$N = V (1+i)^n$

$$V = \frac{N}{(1+i)^n}$$

Se aplica cuando el valor actual del documento o equivalente gana intereses que se capitalizan periódicamente, hasta que en la fecha de vencimiento iguala al valor nominal.

Tasa de inflación: porcentual que indica la magnitud del incremento en el nivel general de precios en una economía.

Tasa de interés: remuneración del capital. En el caso de recibir un préstamo, será el precio a abonar por la utilización de ese capital. En la situación de efectuarse una inversión de fondos, será el rendimiento que esa inversión obtenga.◆ Interés que gana $ 1 en la unidad de tiempo.

Tasa de interés fija: se aplica cuando la tasa permanece invariable durante el período que dure una imposición, un préstamo, etcétera.

Tasa de descuento: tasa que le cobra un Banco a un sujeto que presenta un documento para su descuento, es decir, para recibir a cambio un adelanto de dinero. Por ejemplo: el Banco XX cobra una tasa de descuento del 15 % anual; esto significa que para obtener un adelanto o un préstamo a un año, debe presentar a cambio un documento comercial, supongamos de $ 1.000; por lo tanto, el Banco descuenta de este importe los $ 150 correspondientes a los intereses por un año y le presta $ 850 a reintegrar al año.◆ Descuento sobre un valor nominal de $ 1 en un período.◆ Deducción que se hace sobre la unidad de capital en la unidad de tiempo.

2. Rentabilidad de una inversión

El término inversión se puede analizar desde el punto de vista de la consideración o no de su fuente de financiación. Esta fuente de financiación de una inversión puede ser: el capital de tercero o el capital propio; en otros términos, el pasivo o el patrimonio neto. El lector podrá encontrar como sinónimo de rentabilidad de una inversión: rentabilidad económica, rentabilidad operativa, rentabilidad sobre activos, rentabilidad sobre capital, etcétera; pero su expresión básica, fundamental, es:

$$\frac{\text{Beneficio bruto}}{\text{Activo}}$$

Pero en una empresa existe algo distintivo y ese algo es el riesgo; es el riesgo económico o el riesgo empresarial.

3. Tasa real de interés

La tasa real define la rentabilidad de una inversión en función del proceso inflacionario. Está definida por la tasa de interés (capitalización del ahorro) y la tasa de inflación (pérdida del poder adquisitivo del capital). Aquélla puede ser negativa o positiva. Cuando la tasa de interés es superior a la tasa de inflación, se da una tasa de interés real positiva; en el caso contrario, es una tasa de interés real negativa.

$$R = \frac{1+N}{1+I} - I$$

Donde:

R= tasa real de interés, expresada en tanto por uno.

N= tasa nominal de interés, expresada en tanto por uno.

I= tasa de inflación, expresada en tanto por uno.

La tasa real se define para un período determinado que se considere, que puede ser mensual, trimestral, semestral, anual, etcétera; por lo tanto, la tasa nominal y la tasa de inflación deben referirse al mismo período.

4. Punto de equilibrio

La contabilidad de costos es el procedimiento por medio del cual se registran, resumen, analizan e interpretan los detalles del costo del material, mano de obra y gastos indirectos necesarios para producir y vender un producto. Los elementos fundamentales del costo son específicamente:

1) Materiales directos: costos de materiales que pueden identificarse con unidades determinadas del producto o, en algunos casos, con departamentos o procesos específicos.

2) Mano de obra directa: trabajo humano identificado con unidades del producto o, en algunos casos, con departamentos o procesos específicos.

3) Costos indirectos de fabricación: aquellos que no se pueden o no conviene identificar con unidades específicas de un producto.

A los efectos de interpretar el "punto de equilibrio", es menester definir los conceptos básicos para realiza un análisis preciso de su representación gráfica.

Costos variables: aquellos costos que evolucionan en forma proporcional a la cantidad producida o vendida.

Costos fijos: aquellos costos que son constantes para un determinado período, independientemente de la cantidad de producción. También son llamados costos de estructura.

Costos semifijos o semivariables: aquellos que permanecen constantes dentro de ciertos límites de modificación en el volumen de operaciones de la empresa y que cambian bruscamente cuando éste rebasa aquellos límites; el cambio operado no guarda relación definida con la modificación registrada en el volumen.

5. Gráfica de punto de equilibrio

Es una representación esquemática condensada de un presupuesto flexible tipo, que muestra la utilidad normal para cualquier volumen dado de ventas y para cualquier desviación respecto del mismo; proporciona un cuadro de la estructura de éstas, que permite al dirigente establecer una diferencia entre el efecto que tienen los cambios de volumen y los cambios en el precio o en el costo.

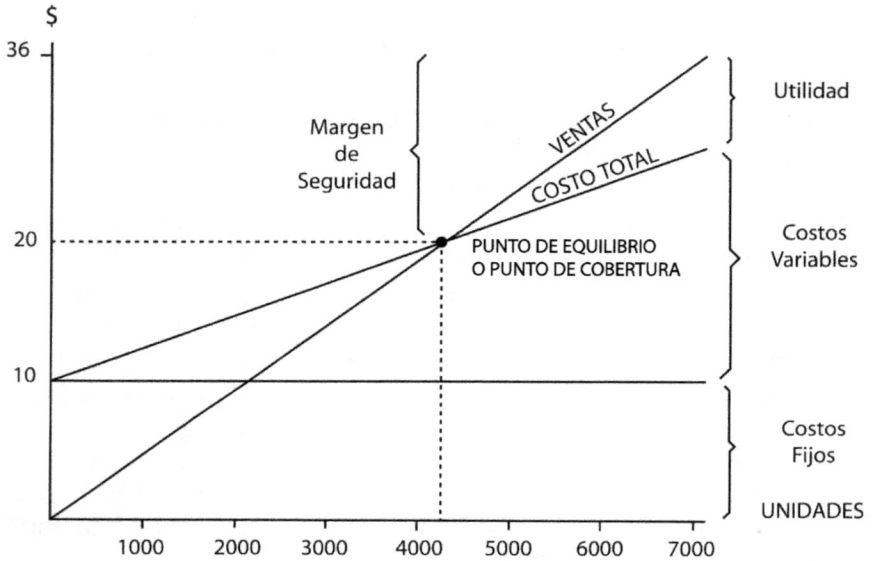

$$\text{Punto de equilibrio} \atop \text{o punto de cobertura}_I = \frac{CF}{1 - \dfrac{CV}{V}}$$

CF= costos fijos.

CV= costos variables.

V= ventas.

Ventas (V)

– Costos variables (CV)

Contribución marginal (CM)

– Costos fijos o estructurales

Resultado final neto

La contribución marginal deberá hacerce cargo de los costos fijos o de estructura.

Por ejemplo:

- Ventas $ 150.

- Costos variables $ 100.

- Nivel de ventas en unidades presupuestada $ 900.

- Costos fijos $ 3.000.

- Contribución marginal s/ventas $= \dfrac{150 - 100}{15} = \dfrac{50}{150} = 0,333$

El margen de seguridad se puede medir estableciendo la distancia existente entre la cantidad de ventas en el punto de equilibrio y la capacidad a la que opera la empresa.

$$C.M.S. = \dfrac{V - P.E.}{V}$$

CAPÍTULO VI

LOS IMPUESTOS Y LA EMPRESA

La empresa, cualquiera sea su envergadura y tipo, está sujeta a la inscripción ante los organismos pertinentes en todo lo que atañe a los impuestos nacionales, tasas y tributos en general de acuerdo con cada jurisdicción. A continuación, en forma sintética, se enumeran algunos de los gravámenes. Para ello, por cuestiones metodológicas, se separan en:

1. Monotributo o Sistema de Régimen Simplificado.
2. Impuestos nacionales.
   - 2.1. Impuesto al Valor Agregado.
   - 2.2. Impuesto a las Ganancias.
   - 2.3. Impuesto a la Ganancia Mínima Presunta.
   - 2.4. Impuesto a los Bienes Personales. Acciones y Participaciones.
3. Impuestos provinciales.

3.1. Impuesto a los Ingresos Brutos.

3.2. Impuesto de Sellos.

3.3. Impuesto inmobiliario (rural y urbano)

4. Impuestos y/o tasas municipales.

1. Monotributo o Sistema de Régimen Simplificado

Inscripción que se concentra en un único tributo conformado por un componente impositivo y otro previsional (jubilación y obra social). Es un pago mensual, con sumas fijas y de carácter obligatorio.

Aquellos empleadores "monotributistas" deben registrar a sus trabajadores e ingresar los aportes y las contribuciones de acuerdo con el Régimen General.

La cuota única de *monotributo* comprende:

a) Impuesto a las Ganancias.

b) Impuesto al Valor Agregado.

c) Aportes al Régimen Previsional Público.

d) Aportes al Sistema Nacional de Salud.

2. Impuestos nacionales. Régimen general

Este régimen corresponde a personas físicas o de existencia visible y a personas jurídicas o de existencia ideal que pueden estar alcanzados por alguno de los tributos siguientes:

1) Impuesto al Valor Agregado.

2) Impuesto a las Ganancias.

3) Impuesto a la Ganancia Mínima Presunta.

4) Impuesto a los Bienes Personales.

5) Todo otro impuesto nacional que sea recaudado y fiscalizado por la AFIP (Administración Federal de Ingresos Públicos).

2.1. Impuesto al Valor Agregado

Impuesto nacional que se aplica sobre la generalidad de los bienes y servicios y que grava todas las etapas de la actividad económica. Están sujetas a este gravamen todas las operaciones que se detallan a continuación:

1) Las ventas de las cosas muebles colocadas o situadas en el país efectuadas por aquellos que:

a) Hagan habitualidad en la venta de cosas muebles, realicen actos de comercio accidentales con aquéllas o sean herederos o legatarios de responsables inscriptos; en este último caso, cuando enajenen bienes que en cabeza del causante hubieran sido objeto del gravamen.

b) Realicen en nombre propio, pero por cuenta de terceros, ventas o compras.

c) Sean empresas constructoras que realicen obras inmuebles propias, cualquiera sea la forma jurídica que hayan adoptado para organizarse, incluidas las personales.

d) Presten servicios gravados y/o locadores, en el caso de locatarios gravados.

La tasa general es del 21 % para todas aquellas actividades que no tengan una alícuota diferencial. Las compras a otros inscriptos están alcanzadas por dicha tasa y al discriminarse el impuesto les permiten computar *créditos fiscales*, mientras que las ventas que a su vez realicen ellos les generan *débitos fiscales*. La diferencia entre los débitos fiscales y los créditos fiscales es lo que se debe ingresar al Fisco.

2.2. Impuesto a las Ganancias

Impuesto nacional que grava todas las ganancias obtenidas por personas de existencia visible o ideal. La tasa para las sociedades es del 35 % y el cálculo, en forma esquemática, es:

Ganancia o pérdida que arroje el balance comercial
+ Deducciones no admitidas legalmente
- Ganancias no alcanzadas por el impuesto

Total de ganancia neta impositiva de la 3ª categoría

2.3. Impuesto a la Ganancia Mínima Presunta

Este impuesto grava sobre la base de los activos del sujeto pasivo establecido en un determinado porcentaje de los mismos. La tasa es del 1 % sobre la base imponible del gravamen determinado. El impuesto a las ganancias determinado para el ejercicio fiscal por el cual se liquida este gravamen puede computarse como pago a cuenta de este impuesto.

La sociedad que tenga un activo gravado, sea igual o inferior a $ 200.000, está exenta.

Son sujetos pasivos:

1) Las sociedades domiciliadas en el país desde la fecha del acta fundacional o de la celebración del respectivo contrato.

2) Las empresas o explotaciones unipersonales ubicadas en el país, pertenecinetes a personas domiciliadas en éste.

....

2.4. Impuesto a los Bienes Personales

Este impuesto recae sobre los bienes personales existentes al 31 de diciembre de cada año que se encuentren ubicados en el país y en el exterior. Existen diversos tipos de exenciones; algunas de ellas son: los depósitos en moneda extranjera o argentina efectuados en entidades financieras regulados por la ley 21.526 y sus modificatorias; los bienes inmateriales; los títulos, bonos y valores emitidos por la Nación, las provincias y las municipalidades, etcétera.

El monto total de los bienes gravados debe ser inferior a $ 305.000. En caso de no superarlo, no corresponde pago alguno.

La tasa que se aplica es la siguiente:

Bienes gravados	Alícuota
Más de $ 305.000 a $ 750.000	0,50 %
Más de $ 750.000 a $ 2.000.000	0,75 %
Más de $ 2.000.000 a $ 5.000.000	1 %
Más de $ 5.000.000	1,25 %

3. Impuestos provinciales

3.1. Impuesto a los Ingresos Brutos

Gravamen de carácter jurisdiccional, no es nacional. Tiene particularidades locales, con tasa, exenciones y calendarios diversos. Generalmente, la base imponible está conformada por los ingresos brutos devengados durante el período fiscal, por el ejercicio de las actividades gravadas.

3.2. Impuesto de Sellos

Gravamen de carácter local, no es nacional. Generalmente, grava los instrumentos públicos o privados por medio de los cuales se formalizarán actos, contratos, obligaciones, determinados documentos comerciales, escritos presentados ante autoridades públicas y operaciones expresamente gravadas.

3.3. Impuesto Inmobiliario

Impuesto que grava los inmuebles; se aplican generalmente de acuerdo con la valuación fiscal.

4. Impuestos y o tasas municipales

Tributos que se aplican en el ámbito de determinados municipios o jurisdicciones.

CAPÍTULO VII

RELACIONES LABORALES

Existe relación laboral cuando una persona física, voluntaria y personal, realiza tareas para otra persona física o empresa, bajo su dependencia, percibiendo por ello una contraprestación a cambio, denominada remuneración. Ésta es el elemento esencial del contrato de trabajo.

1. Jornada de trabajo

Período en el cual el trabajador pone a disposición del empleador su tiempo sin la posibilidad de utilizarlo en beneficio propio.

Esta jornada tiene distintas características y connotaciones:

1.1. Trabajo diurno

Es la tarea realizada entre las 6 y las 21. Este período no puede exceder de 8 horas diarias o 48 horas semanales, en caso de que sea un horario uniforme. En caso de que el horario sea desigual, no podrá exceder de 9 horas diarias o 48 semanales. En cualquiera de estas dos formas, el cese debe producirse el sábado a las 13.

Esta jornada es aplicable a mayores de dieciocho años y a menores habilitados de dieciséis años.

El descanso que les corresponde es de treinta y cinco horas, es decir, el descanso hebdomadario que rige desde las 13 del sábado hasta las 24 del domingo.

En cuanto a las horas extras, el incremento es del 50 % si se desarrolla en día laborable; si el trabajo es el sábado después de las 13, domingo o feriado, es del 100 % de aumento.

1.2. Trabajo nocturno

Período que se cumple totalmente en horario nocturno, es decir, entre las 21 y las 6 del día siguiente. Este período no puede exceder de siete horas; además, queda prohibida la contratación de menores de catorce a dieciocho años de cualquier sexo, durante el horario entre las 20 y hasta las 6 del día siguiente. La retribución debe ser equivalente a la remuneración de ocho horas.

1.3. Trabajo insalubre

Tarea que se desarrolla por su naturaleza o por las características inherentes al lugar y que puede afectar la salud física y/o psicológica del trabajador. La jornada de trabajo con estas características no puede exceder de treinta y seis horas semanales o de seis diarias. La insalubridad debe ser declarada precisamente por la autoridad de aplicación, con fundamento en dictámenes médicos de rigor científico y sólo podrá ser dejada sin efecto por la misma autoridad si desaparecieran las circunstancias determinantes de la insalubridad.

Se encuentran prohibidas las horas suplementarias en un trabajo insalubre, como también el trabajo de menores y de mujeres en condiciones de insalubridad.

2. Remuneración

Contraprestación que debe percibir el trabajador como consecuencia del contrato de trabajo. Dicha remuneración no puede ser inferior al salario mínimo vital.

El empleador debe al trabajador la remuneración, aunque éste no preste servicios, por la mera circunstancia de haber puesto su fuerza de trabajo a disposición de aquél.

En la liquidación de los haberes del personal en relación de dependencia de una empresa, es posible individualizar distintos conceptos:

1. En efectivo:

1.1. Sueldo: aquella remuneración que se paga al trabajador en relación de dependencia por sus tareas desarrolladas en el mes.

1.2. Jornal: aquella remuneración que se paga al trabajador en relación de dependencia por sus tareas desarrolladas durante el día o de acuerdo con las horas trabajadas.

1.3. Salario por unidad de trabajo o a destajo: aquella remuneración que se paga al trabajador en relación de dependencia de acuerdo con las unidades de trabajo producidas durante el día.

1.4. Gratificaciones: aquella remuneración que se paga al trabajador en relación de dependencia en forma habitual o esporádicamente.

1.5. Comisión: aquella remuneración que se paga al trabajador en relación de dependencia en función de un porcentaje o valor fijo por cada operación o transacción que aquél realice.

1.6. Premio: aquella remuneración que se paga al trabajador en relación de dependencia en función de un reconocimiento a su asistencia, antiguedad, rendimiento, etcétera.

1.7. Propina: aquella remuneración que percibe el trabajador no por el empleador sino por el cliente. Es un concepto remunerativo.

1.8. Viático: aquel gasto en que incurre el trabajador en relación de dependencia como consecuencia del traslado entre distintos puntos por causa laboral. Es un concepto no remunerativo.

1.9. Participación en las utilidades: aquella remuneración que se paga al trabajador en relación de dependencia calculada sobre las utilidades netas de una empresa. Es un concepto remunerativo.

2. En especie: aquella remuneración que se satisface en especie. Ésta no puede superar el 20 % del total del pago al trabajador.

3. Modalidades del contrato de trabajo

La prestación de trabajo en condiciones de dependencia o subordinación siempre genera un contrato de trabajo, cualquiera fuese la modalidad contractual. Existen diversas modalidades; a continuación, se exponen las más usuales:

3.1. Contrato por tiempo indeterminado

En este tipo de contrato, la relación laboral dura hasta que alguna causa específica impida su continuación: la renuncia del trabajador, el despido por voluntad del empleador, el acogimiento al beneficio jubilatorio de parte del trabajador, son algunos ejemplos de ella. Este tipo de contrato es la forma típica de un encuadre laboral. En esta contratación, existe un período de prueba. El empleador debe registrar la relación laboral y ambas partes tienen los derechos y obligaciones propios de dicha relación. En dicho período, cualquiera de las partes puede dar por finalizada la relación laboral sin obligación de explicitar la causa de esta decisión y sin derecho a indemnización alguna para el trabajador; pero, decidida la extinción de la relación, debe preavisar con quince días de antelación.

Modelo de contrato

A los... días del mes de... de..., entre..., documento..., por una parte, con domicilio legal en... de la ciudad de..., en representación de..., en adelante "empleador", y..., con domicilio en..., de la ciudad de..., con documento..., en adelante el "trabajador", convienen en celebrar el siguiente contrato laboral que se regirá por las siguientes cláusulas:

Primera. El "trabajador" desarrollará sus tareas de acuerdo con lo estipulado en la Convención Colectiva de Trabajo..., en el puesto de...

Segunda. Las actividades que demande su función las ejercitará en el establecimiento situado en...

Tercera. La remuneración bruta que percibirá ascenderá a la suma de $... (pesos...).

Cuarta. El "trabajador" asume el compromiso de cumplir con las pautas, reglamentos, normas de conducta y horarios estipulados por la empresa.

Quinta. La jornada laboral se desarrollará en el horario de... a..., de lunes a viernes.

Sexta. El "trabajador" deberá comunicar a el "empleador" cualquier cambio de domicilio.

Séptima. En caso de extinción de la relación laboral, las partes deberán cursar con la antelación pertinente y de acuerdo con las normas laborales vigentes.

Las partes contratantes se someten a la jurisdicción de los Tribunales de... y fijan como domicilios los expuestos en el presente contrato, donde se tendrán por válidas las notificaciones a que hubiere lugar.

En prueba de conformidad y previa lectura y ratificación de lo expuesto precedentemente, se firman 2 (dos) ejemplares de un mismo tenor y a un solo efecto en la ciudad de... a los... días del mes de... de...

Firma del trabajador   Firma del empleador

3.2. Contrato de trabajo a plazo fijo

Este tipo de contrato tiene vigencia hasta la fecha de vencimiento del plazo y no puede celebrarse por más de 5 (cinco) años. Las partes deberán precisar la extensión del mismo con antelación no menor de 1 (un) mes ni mayor de 2 (dos) respecto de la expiración del plazo establecido, excepto en aquellos casos en que el contrato sea por tiempo indeterminado y su duración sea inferior a 1 (un) mes.

Modelo de contrato

Entre..., documento..., por una parte, con domicilio legal..., de la ciudad de..., en representación de..., en adelante "empleador", y..., con domicilio en..., de la ciudad de..., con documento..., en adelante el "trabajador", convienen en celebrar el siguiente contrato de trabajo a plazo fijo que se regirá por las siguientes cláusulas:

Art. 1.– El "empleador" contrata y el "trabajador" acepta desempeñarse en tareas administrativas en el establecimiento de la empresa... SA, sita en la calle..., n°... de la localidad de...

Art. 2.– El "trabajador" se desempeñará en la categoría de..., de acuerdo con la Convención Colectiva de Trabajo N°... y las tareas que cumplirá serán... (debe haber con carácter de excepción necesidades de la empresa que requieran una capacidad laboral superior a la normal).

Art. 3.– El horario que deberá cumplir el "trabajador" será de lunes a viernes de... a... horas.

Art. 4.– El presente contrato regirá desde el... del mes de... de 20... hasta el... del mes de... de 20... (la duración no puede exceder de cinco años).

Art. 5.– Las partes deberán preavisar la extinción del contrato en un plazo no menor a un mes ni mayor a dos, respecto de la expiración del plazo convenido en la cláusula anterior.

Art. 6.– El "trabajador" deberá presentar y entregar la documentación legalmente necesaria, que se archivará en su legajo.

Art. 7.– El "trabajador" percibirá como remuneración bruta la suma de pesos... ($...) mensuales.

Art. 8.– El "trabajador" deberá comunicar fehacientemente cualquier modificación de su domicilio.

Art. 9.– Las partes fijan para todos los actos del presente contrato los domicilios indicados en el encabezamiento, los cuales serán válidos para todo tipo de notificación o citación, judicial o extrajudicial, sometiéndose a los Tribunales Ordinarios de ....

En prueba de conformidad y previa lectura y ratificación de lo expuesto precedentemente, se firman 2 (dos) ejemplares de un mismo tenor y a un solo efecto, en la ciudad de .... a los .... días del mes de .... de ....

        Firma del trabajador   Firma del empleador

3.3. Contrato de trabajo de temporada

Este tipo de contrato se da cuando la relación entre las partes, originada por las actividades propias del giro normal de la empresa o explotación, se cumple en determinadas épocas del año solamente y está sujeta a repetirse en cada ciclo en razón de la naturaleza de la actividad.

Modelo de contrato

Entre..., documento..., por una parte, con domicilio legal en..., de la ciudad de..., en representación de..., en adelante "empleador", y..., con domicilio en..., de la ciudad de..., con documento..., en adelante el "trabajador", convienen en celebrar el siguiente contrato laboral de temporada que se regirá por las siguientes cláusulas:

Art. 1.– El "trabajador" desarrollará sus tareas en relación de dependencia entre el... de... y el... de... de cada año por un período mínimo de... días.

Art. 2.– El "empleador" notificará con una antelación no menor a treinta días su voluntad de reiterar la relación laboral en los términos del ciclo anterior. La notificación deberá efectuarse en forma fehaciente y concreta. El "trabajador", a su vez, estará obligado a manifestar su decisión de continuar o no la relación laboral en un plazo de cinco días de notificado, sea por escrito o presentándose ante el empleador. En caso que el "empleador" no cursara la notificación, se considerará que rescinde unilateralmente el contrato y responderá por las consecuencias de la extinción del mismo.

Art. 3.– El "trabajador" percibirá como remuneración la suma de pesos... ($...) mensuales, de acuerdo con lo establecido en la Convención Colectiva de Trabajo n°... y a su categorización como...

Art. 4.– El "trabajador" comenzará sus tareas el... de... de 20... y las finalizará el... de... de 20...

Art. 5.– El "empleador" deberá abonar al finalizar la temporada el Sueldo Anual Complementario y las vacaciones ordinarias en la parte proporcional correspondiente.

Art. 6.– En caso que el "trabajador" fuese despedido sin causa y pendiente los plazos previstos del ciclo o temporada, dará lugar al pago de los resarcimientos establecidos en el art. 95 de la ley 20.744, T.O. en 1976, y sus modificaciones, por parte del empleador.

Art. 7.– En el presente contrato, el vínculo laboral queda en suspenso entre la finalización de una temporada y el inicio de la siguiente.

Art. 8.– El "trabajador" deberá comunicar al "empleador" cualquier modificación o cambio de domicilio.

Art. 9.– Las partes contratantes fijan su domicilio especial en el antes indicado, donde serán válidos para cualquier tipo de notificaciones, sometiéndose en cuanto a la interpretación de los términos de este contrato a la justicia ordinaria, con competencia en la ciudad de ....

En prueba de conformidad y previa lectura y ratificación de lo expuesto precedentemente, se firman 2 (dos) ejemplares de un mismo tenor y a un solo efecto en la ciudad de .... a los .... días de .... de dos mil ....

Firma del trabajador   Firma del empleador

3.4. Contrato de trabajo eventual

Este contrato se da cuando la actividad del trabajador se ejerce bajo la dependencia de un empleador para la satisfacción de resultados concretos, tenidos en vista por éste, en relación a servicios extraordinarios determinados de antemano, o exigencias extraordinarias o transitorias de la empresa, explotación o establecimiento, toda vez que no pueda preverse un plazo cierto para la finalización del contrato. Este tipo de relación contractual se entiende cuando el vínculo comienza y termina con la realización de la obra, la ejecución del acto o la prestación del servicio para el que fue contratado el trabajador. El empleador que pretenda que el contrato tenga esta modalidad tiene a su cargo la prueba de su aseveración. En caso de que este contrato tenga por objeto suplantar a un trabajador, debe indicarse el nombre del trabajador que se reemplaza, y si es para atender exigencias extraordinarias del trabajo, debe consignarse con precisión y claridad la causa que lo justifique. El empleador puede optar por contratar directamente al trabajador por esta modalidad o requerir los servicios de una empresa de servicios eventuales, que son aquellas personas jurídicas que están autorizadas por el Ministerio de Trabajo, Empleo y Seguridad Social.

Modelo de contrato

Entre..., documento..., por una parte, con domicilio legal en..., de la ciudad de..., en representación de..., en adelante "empleador", y..., con domicilio en..., de la ciudad de..., con documento..., en adelante el "trabajador", se conviene de común acuerdo el presente contrato.

Art. 1.– El "empleador" contrata y el "trabajador" acepta bajo la dependencia del primero la realización de las siguientes tareas en forma extraordinaria y transitoria:... (detallar específicamente); las mismas serán desarrolladas en el establecimiento ubicado en...

Art. 2.– El presente contrato tendrá vigencia a partir del... de... de... y finalizará con la reincorporación de la empleada reemplazada.

Art. 3.– El trabajador percibirá como remuneración bruta la suma de pesos... ($...) mensuales.

Art. 4.– El horario laboral del trabajador será de... a... y de... a... hs. y el día sábado, de... a... hs.

Art. 5.– El "trabajador" queda perfectamente notificado que la presente contratación se debe a la vacante producida por el estado de excedencia en que se halla la señora..., trabajadora de esta empresa.

Art. 6.– Este contrato obra como suficiente preaviso a los efectos de la extinción del vínculo laboral. El reintegro de la trabajadora reemplazada a sus tareas implicará automáticamente la finalización del contrato laboral sin quedar las partes obligadas a ningún tipo de indemnización.

Art. 7.– El "empleador" no tiene el deber de preavisar la finalización del contrato.

Art. 8.– En el caso de reincorporarse la trabajadora reemplazada y el trabajador continuara prestando servicios, el contrato se convertirá en uno por tiempo indeterminado. Igual consecuencia tendrá la continuación de la prestación de servicios una vez vencido el plazo de licencia o de reserva del puesto de la trabajadora reemplazada.

En prueba de conformidad y previa lectura y ratificación de lo expuesto precedentemente, se firman 2 (dos) ejemplares de un mismo tenor y a un solo efecto en la ciudad de... a los... días de... de dos mil...

Firma del trabajador   Firma del empleador

Modelo de contrato para viajantes de comercio

Entre la empresa..., en adelante llamada el "empleador", representada en este acto por..., y el señor..., documento de identidad n°... (especificar), de nacionalidad..., mayor de edad, en lo sucesivo denominado el "viajante", por la otra parte, se conviene en celebrar el presente contrato de "Viajante de Comercio", que se regirá por las cláusulas siguientes:

Art. 1.– El "empleador" otorga y el "viajante" acepta la distribución y venta de los productos... (especificar).

Art. 2.– Se le atribuye al "viajante" la zona delimitada... (detallar en forma concreta), para desarrollar sus tareas.

Art. 3.– Las partes contratantes se someten a las normas legales vigentes:... (enumerar), el régimen de convención colectiva pertinente y..., a los efectos de regular las relaciones laborales.

Art. 4.– El presente contrato comenzará a regir a partir del...

Art. 5.– El "viajante" percibirá en carácter de retribución por sus tareas los siguientes conceptos:

a) El... % del total de las ventas directas sobre el importe neto facturado a los clientes de su zona.

b) El... % del total de las ventas indirectas sobre el importe neto facturado a los clientes de su zona que no hayan sido visitados por el "viajante".

c) El... % de la totalidad de las cobranzas realizadas por el "viajante" ya sea por ventas directas o indirectas.

d) El... % por reintegro de gastos de hospedaje, alimentación y reparación del automóvil, excepto...

Art. 6.– Las comisiones se calcularán sobre los precios netos de venta, excluyéndose de los mismos cualquier tipo de impuesto.

Art. 7.– Las obligaciones del "viajante" serán:

a) Visitar a los clientes de su zona de acuerdo con la nómina que entregará el "empleador", de acuerdo con las pautas impartidas de su inmediato superior.

b) Efectuar un pronóstico de ventas mensuales en pesos y en unidades de cada producto.

c) Ser el depositario y responsable de todos los elementos provistos por el "empleador" para desarrollar sus tareas.

d) Notificar cualquier cambio de domicilio dentro de las veinticuatro horas de haberse producido.

e) Presentar cuando le fuese requerido las notas de pedido, recibos y cualquier otra modificación respaldatoria de su actividad.

f) Realizar las ventas de acuerdo con las normas impartidas por el "empleador", respecto de los precios de venta, bonificaciones y plazos de pago.

Art. 8.– Las partes convienen en que queda prohibido al viajante vender, promocionar, publicitar, recomendar o favorecer productos de otros proveedores.

Art. 9.– A todos los efectos legales, el "viajante" no será responsable por la insolvencia del cliente, excepto por dolo o culpa grave de su parte. El riesgo de las operaciones estará a cargo del "empleador".

Art. 10.– El "viajante" desarrollará sus actividades con movilidad propia, contando para ello con un rodado de una antigüedad no mayor a... años.

Art. 11.– La retribución del viajante, de acuerdo con lo expuesto en el art. 4, se liquidará y abonará entre los días 5 y 10 del mes siguiente al período mensual liquidado.

Art. 12.– Se considerarán integrantes de la remuneración los siguientes conceptos: comisiones, viáticos, gastos de movilidad, alimentación, hospedaje y compensaciones por gastos del vehículo.

Art. 13.– La "empleadora" deberá registrar, de acuerdo con las pautas legales, en un libro especial rubricado la información específica de la relación laboral.

Art. 14.– En el caso de disolución del contrato individual de trabajo, una vez transcurrido un año de vigencia del mismo, el "viajante" tendrá derecho a una indemnización por clientela, cuyo monto está representado por el 25 % de lo que le correspondiere en caso de despido intempestivo e injustificado. Esta indemnización no excluirá las pertinentes a lo establecido en la Ley de Contrato de Trabajo y normas complementarias (enumeración).

Art. 15.– La "empleadora" excluye de la zona asignada y con expresa conformidad del "viajante" a los siguientes clientes:

1) ...

2) ...

Art. 16.– Las partes fijan como domicilios legales y especiales los mencionados en el presente contrato, válidos para cualquier tipo de citación, judicial o extrajudicial, sometiéndose a los Tribunales Ordinarios de...

En prueba de conformidad y previa lectura y ratificación de lo expuesto precedentemente, se firman 2 (dos) ejemplares de un mismo tenor y a un solo efecto en la ciudad de... a los... días del mes de... de dos mil...

Firma del trabajador   Firma del empleador

Modelos de contrato de habilitación

En la ciudad de..., a los... días del mes de... de..., entre..., documento de identidad n°... (especificar), expedido por..., en su carácter de propietario del negocio cuyo objeto social es..., denominado..., ubicado en..., en adelante denominado el "propietario" y..., documento de identidad n°... (especificar), expedido por..., en el futuro llamado el "habilitado", se celebra el presente contrato de habilitación, conforme a las cláusulas y condiciones que se enumeran a continuación.

Art. 1.– El "propietario" cede al "habilitado" en concepto de habilitación un porcentaje del... % (... por ciento) sobre la utilidad neta de acuerdo con el saldo positivo que arroje el estado de pérdidas y ganancias de la empresa.

Art. 2.– La habilitación se contará a partir del estado de resultados correspondiente al ejercicio finalizado el... de... de... y será abonada en efectivo dentro de los... días hábiles siguientes si la disponibilidad del negocio lo permite; de lo contrario, se acreditarán al "habilitado" en una cuenta especial, cuyo importe podrá ser retirado por éste en el transcurso del año siguiente. Cuando fuese abonado fuera de término, devengará un interés del... % (... por ciento) anual.

Art. 3.– El "habilitado" aceptará las utilidades que le correspondan conforme se determinen por los estados contables y tendrá el derecho a inspeccionar la documentación que fuere necesaria para verificar las utilidades y liquidaciones que se efectúen.

Art. 4.– El presente contrato es exclusivamente de habilitación y en favor del "habilitado", no pudiendo invocar éste otra relación distinta de la descripta; caso contrario, el propietario podrá rescindir este contrato en forma inmediata y el "habilitado" responderá por los daños y perjuicios ocasionados.

Art. 5.– El "habilitado" no podrá participar en ninguna forma de la administración y desarrollo de los negocios de la firma, salvo que el propietario se lo requiera.

Art. 6.– El "habilitado" será el único responsable por los aportes que le correspondan por su actuación laboral y deberá exhibir al propietario los comprobantes de los aportes al día, bajo pena de rescisión.

Art. 7.– La vigencia del presente contrato se establece en... años a partir del...

Art. 8.– El sellado de ley será a cargo de ambos contratantes por partes iguales (en caso de corresponder).

Art. 9.– El "habilitado" deberá tratar de lograr la mayor eficiencia y rendimiento del negocio, por todos los medios a su alcance y con la mayor diligencia a efectos de obtener un óptimo rendimiento económico que redunde en beneficio de los contratantes.

Art. 10.– En caso de ruptura de este contrato por causa del propietario, éste deberá pagar al "habilitado" la suma de pesos... ($...); si la ruptura se produjera por parte del "habilitado", éste le deberá pagar al propietario la suma de pesos... ($...).

Art. 11.– El "habilitado" podrá solicitar adelanto cada... días como máximo a cuenta de sus porcentajes que no superen el... % de las utilidades netas del ejercicio anterior prorrateado.

Art. 12.– Si el "habilitado" cayera en incapacidad civil o laboral, el presente contrato quedará rescindido sin indemnizaciones entre las partes.

Art. 13.– Los domicilios legales de las partes serán los declarados en éste, sometiéndose ambos a la competencia de los Tribunales Ordinarios de... con exclusión de cualquier otro.

Se firman 2 (dos) ejemplares y cada parte recibe el suyo en este acto.

Aclaración: las cláusulas vinculadas con los arts. 110 y 111... deben ser interpretadas en forma restrictiva.

Firma del trabajador   Firma del empleador

4. Feriados nacionales y días no laborables

Establécense como días feriados y no laborables en todo el territorio de la Nación los siguientes:

Feriados nacionales

1 de enero	(inamovible)	Año nuevo
24 de marzo	(inamovible)	Día nacional de la memoria por la verdad y la justicia
2 de abril	(inamovible)	Día del veterano y de los caídos en la guerra de Malvinas
Viernes Santo	(inamovible)	Viernes Santo
1 de mayo	(inamovible)	Día del trabajador
25 de mayo	(inamovible)	Primer gobierno patrio
20 de junio	(trasladable)	Muerte de M. Belgrano
9 de julio	(inamovible)	Día de la independencia
17 de agosto	(trasladable)	Muerte de José de San Martín
12 de octubre	(trasladable)	Día de la raza
8 de diciembre	(inamovible)	Inmaculada concepción de María
25 de diciembre	(inamovible)	Navidad

No laborables

Jueves Santo	(inamovible)
Año Nuevo Judío (Rosh Hashana) Dos (2) días*	(inamovible)
Día del Perdón (Iom Kipur)*	(inamovible)
Día del año nuevo musulmán**	(inamovible)
Día posterior a la culminación del ayuno**	(inamovible)
Día de la fiesta del sacrificio**	(inamovible)
Pascua judía (los dos primeros y los dos últimos)*	(inamovible)

* Para la Religión Judía.
** Para la Religión Islámica.

CAPÍTULO VIII

CONSORCIO DE COOPERACIÓN

LEY 26.005*
Consorcios de Cooperación
Su creación

Art. 1.- Las personas físicas o jurídicas, domiciliadas o constituidas en la República Argentina, podrán constituir por contrato "Consorcios de Cooperación" estableciendo una organización común con la finalidad de facilitar, desarrollar, incrementar o concretar operaciones relacionadas con la actividad económica de sus miembros, definidas o no al momento de su constitución, a fin de mejorar o acrecentar sus resultados.

Art. 2.- Los "Consorcios de Cooperación" que se crean por la presente ley no son personas jurídicas, ni sociedades, ni sujetos de derecho. Tienen naturaleza contractual.

Art. 3.- Los "Consorcios de Cooperación" no tendrán función de dirección en relación con la actividad de sus miembros.

---

* Del 16/12/2004; B.O. 12/1/2005.

Art. 4.- Los resultados económicos que surjan de la actividad desarrollada por los "Consorcios de Cooperación" serán distribuidos entre sus miembros en la proporción que fije el contrato constitutivo, o en su defecto, en partes iguales entre los mismos.

Art. 5.- El contrato constitutivo podrá otorgarse por instrumento público o privado, con firma certificada en este último caso, inscribiéndose conjuntamente con la designación de sus representantes, en los Registros indicados en el artículo 6 siguiente.

Art. 6.- Los contratos constitutivos de "Consorcios de Cooperación" deberán inscribirse en la Inspección General de Justicia de la Nación o por ante la autoridad de contralor que correspondiere, según la jurisdicción provincial que se tratare. Si los contratos no se registraren, el consorcio tendrá los efectos de una sociedad de hecho.

Art. 7.- Los contratos de formación de los "Consorcios de Cooperación" deberán contener obligatoriamente:

1. El nombre y datos personales de los miembros individuales, y en el caso de personas jurídicas, el nombre, denominación, domicilio y datos de inscripción del contrato o estatuto social, en su caso, de cada uno de los participantes. Las personas jurídicas además, deberán consignar la fecha del acta y la mención del órgano social que aprobó la participación contractual en el Consorcio a crearse.
2. El objeto del contrato.
3. El término de duración del contrato.
4. La denominación, integrada con la leyenda "Consorcio de Cooperación".

5. La constitución de un domicilio especial para todos los efectos que pudieren derivarse del contrato, el que regirá tanto respecto de las partes como con relación a terceros.

6. La determinación de la forma de constitución y monto del fondo común operativo, así como la participación que cada parte asumirá en el mismo, incluyéndose la forma de actualización o aumento en su caso.

7. Las obligaciones y derechos convenidas entre los integrantes.

8. La participación de cada contratante en la inversión del proyecto consorcial si existiere y la proporción en que cada uno participará de los resultados si se decidiere establecerla.

9. La proporción en que se responsabilizarán los participantes por las obligaciones que asumieren los representantes en su nombre.

10. Las formas y ámbitos de adopción de decisiones para el cumplimiento del objeto. Obligatoriamente deberán reunirse para tratar los temas relacionados con el cumplimiento del objeto cuando así lo solicite cualquiera de los participantes por sí o por representante, adoptándose las resoluciones por mayoría absoluta de las partes, salvo que el contrato de constitución dispusiere otra forma de cómputo.

11. La determinación del número de representantes del Consorcio, nombre, domicilio y demás datos personales, forma de elección y de sustitución, así como sus facultades, poderes y formas de actuación, en caso de que la representación sea plural. En caso de renuncia, incapacidad o revocación de mandato, el nuevo mandatario será designado por unanimidad, salvo dis-

posición en contrario del contrato. Igual mecanismo se requerirá, para autorizar la sustitución de poder.

12. Las mayorías necesarias para la modificación del contrato constitutivo, para la que se necesitará unanimidad en caso de silencio del contrato.

13. Las formas y mayorías de tratamiento de separación, exclusión y admisión de nuevos participantes. Si el contrato guardare silencio se entenderá que la admisión de nuevos miembros requerirá una decisión por unanimidad.

14. Las sanciones por incumplimientos de los miembros y representantes.

15. Las causales de revocación o conclusión del contrato y formas de liquidación del consorcio.

16. Las formas de confección y aprobación de los estados de situación patrimonial, atribución de resultados y rendición de cuentas, reflejando adecuadamente todas las operaciones llevadas a cabo en el ejercicio usando técnicas contables adecuadas. El contrato establecerá una fecha anual para el tratamiento del estado de situación patrimonial, el que deberá ser tratado por los miembros del Consorcio, debiéndose consignar los movimientos en libros de comercio conformados con la formalidad establecida en las leyes mercantiles, con más libro de actas donde se consignen la totalidad de las reuniones que el Consorcio realice.

17. La obligación del representante de llevar los libros de comercio y confeccionar los estados de situación patrimonial, proponiendo a los miembros su aprobación en forma anual. Asimismo estará a cargo del representante la obligación de controlar la existencia de las causales de disolución previstas en el artículo 10 precedente, informando fehacientemente a los miembros del Consorcio y tomando las medidas y

recaudos que pudieren corresponder. El representante tendrá asimismo la obligación de exteriorizar, en todo acto jurídico que realice en nombre del Consorcio, la expresa indicación de lo que está representando, en los términos establecidos en el inciso 4) precedente; siendo responsable personalmente en caso de omitirlo.

Art. 8.- Los contratos de formación de "Consorcios de Cooperación" deberán establecer la inalterabilidad del fondo operativo que en el mismo fijen las partes. Éste permanecerá indiviso por todo el término de duración del acuerdo.

Art. 9.- Para el caso que el contrato de constitución no fijare la proporción en que cada participante se hace responsable de las obligaciones asumidas en nombre del Consorcio, de acuerdo a lo estipulado en el inciso 9) del artículo 7°, se presume la solidaridad entre sus miembros.

Art. 10.- Son causales de disolución del Consorcio, además de aquellas que pudieren haber sido previstas en el contrato de formación:

1. La realización de su objeto o la imposibilidad de cumplirlo.
2. La expiración del plazo establecido.
3. Decisión unánime de sus participantes.
4. Si el número de participantes llegare a ser inferior a dos.
5. La disolución, liquidación, concurso preventivo, estado falencial o quiebra de uno de los miembros consorciados, no se extenderá a los demás; como tampoco los efectos de la muerte, incapacidad o estado falencial de un miembro que sea persona física, siguiendo los restantes la actividad del Consorcio, salvo que ello resultare imposible fáctica o jurídicamente.

Art. 11.- Facúltase al Poder Ejecutivo Nacional, a otorgar, de acuerdo a lo establecido en la Ley 24.467, artículo 19, beneficios que tiendan a promover la conformación de consorcios de cooperación especialmente destinados a la exportación, dentro de los créditos que anualmente se establezcan en el Presupuesto General de la Administración Nacional.

Art. 12.- De forma.

www.ingramcontent.com/pod-product-compliance
Lightning Source LLC
Chambersburg PA
CBHW060039210326
41520CB00009B/1197